Travessia do corporal para o simbólico corporal

ELIANA RACHE

Prefácio de René Roussillon
Apresentação de Luís Claudio Figueiredo

São Paulo
2014

Editor: Fabio Humberg
Editora assistente: Cristina Bragato
Capa: Osires, sobre aquarela de Mirian Malzyner
Revisão: Humberto Grenes
Tradução do Prefácio: Renata Rocha Inforzato

Dados Internacionais de Catalogação na Publicação (CIP)
(Câmara Brasileira do Livro, SP, Brasil)

Rache, Eliana
    Travessia do corporal para o simbólico corporal / Eliana Rache. -- São Paulo : CLA Editora, 2014.

   Bibliografia
   ISBN 978-85-854-60-9

   1. Comunicação 2. Corporeidade 3. Psicologia I. Título.

14-08010   CDD-150.195

Índices para catálogo sistemático:
1. Corpo na psicanálise : Psicologia 150.195

Grafia atualizada segundo o Acordo Ortográfico da Língua Portuguesa de 1990, que entrou em vigor no Brasil em 1º de janeiro de 2009.

Produção: Editora CLA Cultural Ltda.
Tel: (11) 3766-9015
e-mail: editoracla@editoracla.com.br / www.editoracla.com.br

AGRADECIMENTOS

Ao **Roberto**, companheiro incansável, tradutor de corporeidades destas horas e de todas as outras.

Aos **meus filhos**, com os quais pude disparar o início das simbolizações primárias.

Às minhas pacientes, que, numa cocorporeidade, abriram caminhos para serem sonhadas e matizadas numa pesquisa.

Ao Prof. Dr. **Luís Claudio Figueiredo**, pela disposição ativa, pela acuidade de conhecimentos em sua orientação sensível, inteligente e certeira.

ÍNDICE

Apresentação, por Luís Claudio Figueiredo 7

Prefácio, por René Roussillon 9

INTRODUÇÃO 29

CAPÍTULO 1
O CASO CLÍNICO DE BIA 37
Construções clínicas 40
A reconstrução do caso clínico:
a narrativa do caso Bia interpela a clínica corporal 40
O desenrolar do processo analítico de Bia 42
À busca de algumas noções teóricas
para subsidiar o trabalho com Bia 56
Clínica atual – um entremeado de clínicas 63
Intersubjetividade 83
Aspectos ligados à clínica da criança
com sofrimento narcísico-identitário 96
Comunicação de experiências primitivas 105

CAPÍTULO 2
SIMBOLIZAÇÃO PRIMÁRIA 145
Discussão teórica 147
Sequência do trabalho clínico com Bia
à luz da simbolização primária 184
O caso clínico de Laura confirma a clínica corporal 211

CONCLUSÕES 225

Bibliografia 231

Apresentação
Pesquisa clínica em psicanálise

Quando fui procurado por Eliana Rache, aceitei prontamente assumir sua orientação de doutorado. Aquela seria, pelo que Eliana me trazia, uma excelente oportunidade de participar – como orientador – de uma verdadeira pesquisa clínica em psicanálise. As condições, de fato, me pareciam as melhores possíveis.

Em primeiro lugar, havia ali uma psicanalista bem formada e com muitos anos de prática no atendimento a crianças, adolescentes e adultos. Isso garante a primeira e essencial precondição para a pesquisa clínica: um campo bem instalado de experiência pessoal, como analista.

Junto a essa base empírica e a ela articulada, havia um investimento continuado no estudo e na docência, isto é, um longo e rico caminho no terreno das teorias e conceitos da psicanálise.

No conjunto, verificavam-se os requisitos fundamentais para o desenvolvimento de um verdadeiro *pensamento psicanalítico*. Estou convencido de que a pesquisa clínica em psicanálise só pode ocorrer como um exercício do pensamento psicanalítico, desdobrado em investigação, e nunca como uma pesquisa que transcorra ao lado das nossas práticas, seguindo outros modelos.

Em acréscimo, e para que o pensamento clínico se converta em atividade investigativa isso é indispensável, havia *problemas* que emergiam direta e naturalmente desse campo: eram dificuldades na condução de certas análises de criança, e certa desconfiança – para não dizer desencanto – com as orientações teóricas até então assumidas (enraizadas na tradição do pensamento kleiniano).

Os casos de Bia e Laura, efetivamente, exigiam a exploração de novos horizontes teóricos e a criação de novas 'técnicas'. Vale dizer: a pesquisa clínica em psicanálise necessariamente reúne a preocupação teórica, em termos da metapsicologia e da psicopatologia, a serem renovadas em certos aspectos, com a reconsideração dos enquadres, posturas e procedimentos tradicionais, o que comporta as 'técnicas' do psicanalisar e sua ética. Todo esse conjunto de fatores teórico-práticos resulta na formulação de um pensamento clínico renovado e sob medida. Em primeiro lugar, sob medida para os dois casos analisados, mas, indo além, sob medida para um conjunto mais amplo de situações de sofrimento psíquico (ou somatopsíquico, pois se trata de experiências muito primitivas e pré-verbais) e seus tratamentos.

As obras de Donald Winnicott e de René Roussillon vieram em socorro de Eliana Rache, oferecendo-lhe conceitos, sugestões teórico-clínicas e, particularmente no caso de Roussillon, sustentação viva e incentivo vibrante para a realização da tarefa.

Cabe agora aos leitores verificar com seus próprios recursos, à luz de suas próprias experiências em psicanálise, o resultado de todo esse esforço. Como verão, o essencial do trabalho se organiza em torno dos casos de Bia e Laura. Todas as questões teóricas, por vezes muito complexas e 'abstratas', estão estreitamente articuladas ao material clínico, o que é sempre bom e quase nunca é fácil de realizar. Mas essa foi a aposta deste trabalho: fazer as teorias e os fenômenos clínicos elucidarem-se mutuamente.

Boa leitura.

Luís Claudio Figueiredo

Prefácio
Para uma extensão da prática da Psicanálise

Este livro aborda diferentes questões que são fundamentais para a Psicanálise de hoje e, sem dúvida, de amanhã; que são fundamentais para a sua sobrevivência e desenvolvimento.

Podemos reagrupar essas questões em torno de três eixos: o do dispositivo analítico e de seus arranjos e variações, o da abertura da escuta da associatividade psíquica às linguagens não verbais e, enfim, o da evolução dos paradigmas teóricos.

O arranjo do dispositivo analítico

A questão do arranjo do dispositivo analítico é um das grandes questões atuais da prática dos psicanalistas, um dos lugares onde se enfrentam os defensores de uma psicanálise considerada "pura" e intacta – que manteria indefinidamente idênticos os parâmetros primeiros de seu exercício e excluiria todos aqueles que não podem utilizá-la desta maneira – e aqueles que, ao contrário, pensam que o dispositivo analítico deve ser concebido e adaptado em função de clínicas singulares, com as quais ele se defronta.

Para estes últimos, entre os quais se situa este livro, a questão do dispositivo analítico é o lugar de uma inflexão da definição primeira da atividade psicanalítica e da relação entre esta e o quadro original da psicanálise, inflexão que considera a desarticulação da definição da psicanálise e da utilização de seu dispositivo original. Ou seja, essa concepção de trabalho psicanalítico é concebível fora do dispositivo divã-poltrona, sem receber a denominação, então pejorativa, de "psicoterapia".

Sabemos que grande parte das sociedades de psicanálise gostaria de manter – ao menos no nível da formação de analistas, pois, no que concerne a uma grande parte de sua prática concreta, a situação está longe de ser tão simples – uma retidão da definição da prática psicanalítica. Ela reserva essa denominação somente ao dispositivo divã-poltrona e em condições de frequência definidas. Mas a atividade prática há muito tempo ultrapassou essa definição e os clínicos que trabalham no seio das famílias ou em grupo, os que trabalham com crianças não hesitam em chamar "psicanalíticas" suas práticas, mesmo se elas não correspondem a esses critérios.

Estes que não hesitam em "consertar" dispositivos específicos e "sob medida" para enfrentar situações clínicas e psicopatológicas "limites" ou mesmo "extremas", que arriscam práticas psicanalíticas em sujeitos que apresentam processos autistas, psicóticos, antissociais ou associais, consideram que continuam a ser "psicanalistas", mesmo quando deixaram o consultório particular ou o divã de sua formação inicial. A prática está, como em grande parte dos casos, "à frente" nas instituições oficiais da psicanálise?

Os diferentes "ajustes" dos dispositivos analíticos merecem sempre a denominação de psicanalíticos. Até onde podemos ir nos "ajustes" do dispositivo analítico? A partir de qual momento a denominação de psicanalítico torna-se abusiva?

As questões estão aí, feitas na sociedade e na assembleia de clínicos. Elas não podem ser ignoradas pelos defensores de uma psicanálise que se vê purificada e a única "verdadeira". Nesta altura, observamos que a maior parte das análises conduzidas por Freud, Ferenczi ou mesmo Abraham não teria merecido a denominação de psicanalítica.

Mas o importante vai além: não temos mais escolha, as realidades do exercício concreto da grande maioria dos clínicos da psicanálise nos obrigam a considerar a questão das "variações" e arranjos do dispositivo.

Arranjos, variações, ajustes, qualificativos que procuram ainda designar o "jogo" com o dispositivo analítico que parece ser requisitado para a análise de alguns sujeitos, mas a questão está aí, ela se impõe a nós, e mais do que deixá-la ignorada e em silêncio, parece-me oportuno considerar como ela pode ser "psicanaliticamente" colocada. Este é um dos desafios deste livro.

Chegamos a um ponto onde é necessário começar a reflexão, não mais para "o" dispositivo analítico, considerado então como o único dispositivo analítico digno desse nome, mas sobre "os" dispositivos analíticos, considerados em sua variedade. O dispositivo psicanalítico originário aparece apenas como um caso particular, mesmo se é particularmente bom e pertinente, de uma forma geral na qual uma prática psicanalítica pode ser produzida.

Teremos entendido que é uma teoria geral de dispositivos analíticos, que é deste modo implicada, e àquela este livro busca dar uma contribuição. Ele chama, para o futuro, uma meta-teoria dos dispositivos que, apoiando-se no que já sabemos do dispositivo primeiro da psicanálise, poderia buscar libertar certo número de "regras" ou de analisadores gerais, de meta-princípios de "arranjos" de dispositivos analíticos.

Tal empreitada chama também a uma posição prévia sobre o que deve ser considerado como o paradigma fundamental do trabalho psicanalítico e sobre seus desafios. Com efeito, somente tal posição pode permitir tentar pensar a função psicanalítica do dispositivo analítico no seio da qual ela é praticada.

Há vários anos, a famosa fórmula de Freud de 1932 – "*Wo es war soll ich verden*" – propõe o vetor e o prescritivo que permitem pensar a questão do processo fundamental do trabalho psíquico, e partindo do trabalho psicanalítico. Expressa nesses termos, parecendo circunscrever melhor a orientação assim dada ao trabalho psicanalítico, podemos chamar de "trabalho de apropriação subjetiva" essa transformação de "*es*" em "*ich*", de "isto" em "eu-sujeito".

No entanto, essa orientação não é suficiente. Existem formas de apropriação subjetiva que continuam presas em formas de ligações não simbólicas. Elas representam bem o esforço do sujeito para se apropriar de uma parte de sua história subjetiva, mas ao preço exorbitante que sobrecarrega sua vida e suas capacidades de sentir prazer. Se a apropriação subjetiva vetoriza sempre bem o trabalho psíquico, ela não se efetua sempre em condições que tornem possível a ela ser suficiente. É por isto que parece necessário acrescentar que o tipo de apropriação subjetiva que a prática psicanalítica procura desenvolver é essa, que é também fundada na simbolização da experiência subjetiva. A simbolização aparece então como a via real pela qual a reflexividade psíquica (termo que eu prefiro a tomada de consciência, muito restrito e em parte inadequado a seu objeto) pode se desenvolver e fundamentar a apropriação subjetiva.

Uma vez formulada essa teoria da questão da prática psicanalítica, a função psicanalítica do dispositivo analítico se esclarece e se simplifica. Se a apropriação subjetiva pela simbolização representa a "finalidade" do trabalho psicanalítico, então o dispositivo deve poder "simbolizá-lo"; ele deve poder simbolizá-lo "em ato", "de fato", em sua construção e sua utilização, o trabalho de apropriação subjetiva pela simbolização.

O dispositivo deve poder "simbolizar a simbolização", a livre simbolização como a limitação à simbolização que é essa da vida psíquica. Ele deve poder "simbolizar a simbolização" para o sujeito que se compromete; ele deve poder ser utilizado para "simbolizar a simbolização" de sua história subjetiva.

É a regra geral de todo arranjo, de toda variação, de todo ajuste do dispositivo: seu sentido é subordinado ao fato de "arranjar", de inventar um dispositivo suscetível de simbolizar a simbolização para esse sujeito, para essa criança, suscetível de ser utilizado por esse sujeito, com esse objetivo. Se estiver claro que deitar uma criança em um divã e lhe pedir para associar livremente não é adequado a suas capacidades de simbolização e cria uma situação que não é "analisável" – pois ela não é "utilizável" para simbolizar –, então esse dispositivo não é adequado a essa criança.

O exemplo é propositalmente caricatural, mas não é menos exemplar. É mérito de M. Klein, de Anna Freud e dos pioneiros da psicanálise infantil ter entendido que a análise de uma criança seria possível se levássemos em conta as condições concretas da simbolização para as crianças, se admitíssemos que uma grande parte delas não poderia ainda se transferir para o aparelho de linguagem verbal e que seria necessário aceitar utilizar os meios de comunicação e de simbolização em curso em sua vida psíquica, os modos de simbolização que se apoiam na percepção e na motricidade.

Quando G. Haag concebe um dispositivo especialmente adaptado às crianças autistas, é o mesmo princípio que prevalece: reconhecer a especificidade dos modos de simbolização que emergem da criança e criar um dispositivo *ad hoc* para otimizar essa emergência.

Considerar os processos psicóticos e uma grande parte da experiência subjetiva não verbal de sujeitos considerados psicóticos conduz da mesma maneira a aceitar algumas modalidades de produção de objetos, escritos, quadros, modelagens, mas de algumas modalidades de atos, de comportamento, mesmo de interação, como vetores aceitáveis de uma tentativa de colocação em forma simbólica.

Em outras palavras, há uma transferência específica que se opera no dispositivo, e que não pode simplesmente ser considerada só como um deslocamento da transferência central no analista. No dispositivo, se transfere a relação do sujeito à simbolização – eu diria mesmo, ainda mais precisamente, a transferência da história do sujeito em sua relação à simbolização, história de seu sucesso, história de seus imprevistos, mesmo história de seus traumatismos específicos. E é em função dessa transferência que o dispositivo é "utilizável" para um dado sujeito.

Claro que essa transferência é "interpretável"; ela é "também" interpretável, mas desde que o dispositivo tenha tornado possível uma tal interpretação, isto é, que ele possa mesmo assim ser utilizado. Não é sempre o caso, e interpretar a transferência do enquadre e do dispositivo lá onde aparece como pura repetição de uma zona traumática não permite, na maior parte do tempo, uma apropriação subjetiva de dispositivos transferidos; a interpretação é então recebida como uma violência que se acrescenta àquela da situação. O dispositivo deve simbolizar a simbolização "para" o sujeito e não somente para o analista, o que implica um certo número de condições de funcionamento psíquico.

Para tornar plenamente inteligível isto que proponho como primeira "regra" da questão do arranjo ou do ajuste do dispositivo, eu gostaria de voltar sobre a formulação da regra fundamental que Freud propõe, ou mais exatamente sobre a metáfora que ele propõe para fazer entender como "utilizar" a situação psicanalítica.

Todo mundo conhece essa formulação: "imagine que você está em um trem e que você descreve a paisagem que desfila diante de seus olhos a um ouvinte que não a vê". Vamos analisar melhor a metáfora para "desdobrar" o jogo que ela propõe. Freud apresenta uma dupla, mesmo tripla transferência intrapsíquica. No começo, ele faz supor que o trem está em movimento, isto é, que a pulsão "pulsa", que ela produz um movimento psíquico e isto provoca uma primeira transferência, digamos, do campo pulsional para o campo motor, do campo do afeto para o campo sensório-afetivo-motor.

Em seguida, o movimento motor que afeta a psique é transformado em representação visual pelo próprio movimento; é a segunda transformação proposta pelo dispositivo.

Enfim, as imagens visuais são "traduzidas", diria Laplanche; eu prefiro dizer "transferidas" ou, ainda – o termo é de Freud –, "transpostas" para o aparelho da linguagem verbal quando possível.

Assim expresso, parece que a metáfora de Freud "retraça" uma série de transformações psíquicas, intrapsíquicas, que ela supõe essas transferências, que ela as solicita para uma boa utilização da situação psicanalítica que ela organiza. É nessa linha que A. Green destacou que a situação supunha também uma "transferência na linguagem".

Seguindo sua reflexão, eu propus considerar que o próprio aparelho de linguagem era infletido e que ele tomava frequentemente a forma de um aparelho de ação (*agieren*), de ação por e na linguagem e, potencialmente, graças ao trabalho psicanalítico, um aparelho de jogo. Coube a A. Green ter sublinhado também o quanto a situação assim proposta supunha o modelo do sonho. As diferentes "transferências" que a regra propõe supõem, com efeito, como no sonho, que a motricidade seja ativamente suspensa; é a condição para que as representações-coisa se "deem" como representações, e que a própria percepção das representações-coisa seja suspensa, o que permite e obriga a sua transferência para o aparelho da linguagem. A ausência e a suspensão aparecem então como condições de possibilidade de uma "boa" utilização do dispositivo.

Sabemos, então, desde o início, por que tal regra é inadequada para as crianças. Seu modo de simbolização não para de se apoiar diretamente na motricidade, como em um jogo, para se apoiar na percepção (por exemplo, o desenho).

Mas imaginamos que muitos são os sujeitos para quem, seja pelo seu funcionamento mental, seja por particularidades de experiências subjetivas que eles levam para a análise ou por uma mistura dos dois, o conjunto dessas precondições não pode ser reunido.

Em 1938, quando, quase no fim de *Construction en analyse*, Freud volta a tratar das condições de desencadeamento de delírios e alucinações, ele evoca as experiências subjetivas que precedem a aparição e utilização do aparelho de linguagem. Está aí uma das grandes questões atuais da psicanálise de sofrimentos narcísico-identitários: ela supõe que a análise possa ser portadora também de experiências subjetivas que precederam a aparição da palavra, sob as condições de um sexual primeiro se desenvolvendo bem fora do sistema de simbolização da palavra. Claro, podemos imaginar que algumas dessas experiências primitivas foram secundariamente retomadas e reinterpretadas *après-coup* nos termos da simbolização da linguagem, que o "arcaico" estava aí desde sempre, que as experiências primeiras estavam também presentes nas experiências subjetivas mais tardias e, assim, potencialmente simbolizadas ou religadas à linguagem.

Não estou longe de pensar que o lugar atual dado ao afeto e à ligação afeto-representação traz o traço direto da maneira como a psicanálise tenta responder a esse tipo de questão. De fato, o afeto é a primeira "linguagem" utilizada pelo bebê, é a linguagem por excelência das experiências precoces. O jogo de ajustar-desajustar afeto e das formas de representação retoma a maneira como não somente a psique defendeu-se tardiamente, dissociando a ligação entre os dois modos de representação da pulsão, mas também a exigência do trabalho imposto à psique devido à necessidade de inscrever as experiências precoces e ligá-las e integrá-las com a ajuda das formas da representação verbal.

Uma parte das experiências pré-verbais pode ser assim secundariamente *après-coup* e "transferida" nos modos de representação nos quais a linguagem verbal é a organizadora. Mas é necessário admitir – a clínica do sofrimento narcísico-identitário nos obriga a fazê-lo – que algumas dessas experiências subjetivas não puderam assim ser retomadas e inscritas *après-coup*, apenas permanecendo em um modo particular de enquistamento narcísico primário e em diferentes modos de fixação pós-traumática. Esses resíduos, não integrados, tendem a escapar da ligação por e nas representações da palavra; eles vão se misturar à transferência sobre a palavra e transbordar suas capacidades, apresentando-se como modos de presença de moções pulsionais que "atacam" os dados da situação de análise.

Assim, modos de "comunicação primitiva", segundo o termo proposto por J. MacDougall, vão se apresentar na transferência, utilizando a "moeda" antiga que existia "naquele tempo" e as formas de expressão primitiva. Algumas formas de representação psíquica da pulsão, formas de representação que precedem a diferenciação do afeto e da representação, vão invadir a situação de análise em seu impacto passional, produzindo no processo manifestações somáticas, formas de comportamento, que vão tomar a forma de mensagens passando pelo ato e pela interação.

Dito nos termos da metáfora utilizada por Freud, alguns elementos motores não se transferem para o campo visual e não produzem representações-coisa visuais, e algumas representações-coisa não se transferem para o aparelho de linguagem; os analisandos vêm fazer sentir o que eles não chegam a sentir e representar, eles vêm fazer ver o que eles não conseguem dizer.

Esses modos de comunicação primitivos se apresentam no seio da situação de análise divã-poltrona como "ataques" ao enquadre e a seus prescritivos. Esse processo se produz em qualquer análise e põe à prova as capacidades de "sobrevivência" do dispositivo e da análise, e é o que representa uma das alavancas da análise de problemáticas narcisistas. Mas, às vezes, ele atinge uma tal intensidade que o analisando sente com terror essas manifestações e "congela" sua expressão e o processo analítico; o analisando se submete ao dispositivo, mas a análise não aconteceu ou o processo não é apropriado, ou então ele toma formas de "transferência delirante" (M. Little) ou ainda de "loucura privada" (A. Green), que ameaçam, ou mesmo tornam impossíveis, as condições de um trabalho psicanalítico dinâmico.

Podemos ainda dizer, em outros termos, que os analisandos reagem de maneira "traumática" às transformações do funcionamento psíquico que implica o dispositivo, ou ainda que eles "transferem" no dispositivo um pouco de sua história traumática, da história do fracasso de algumas capacidades de simbolização, de traumatismos que sua função simbolizante pode conhecer. Pouco importa o modo de teorização finalmente retido, o importante é que a situação de análise divã-poltrona aparece como inadequada ou mesmo como uma repetição traumática.

É nesses casos que uma questão de variação, de arranjo ou de ajuste do enquadre se impõe. Podemos, com efeito, imaginar prosseguir a análise mantendo, custe o que custar, as condições originárias da análise. O preço sempre é pago principalmente pelo analisando.

Podemos também, alternativamente, decidir modificar suficientemente o dispositivo para que o que aparecia como um ataque ao enquadre possa tomar a forma de um meio de comunicação primitiva aceitável.

Lembro-me de um psicoterapeuta infantil que me falava amigavelmente de uma consulta com uma menininha a quem ele havia proposto um *squiggle game*. Desde a primeira tentativa, a garotinha joga o lápis no chão. O psicoterapeuta comenta: "ela ataca imediatamente o enquadre". Eu pensei: "ou talvez ela brinque de outro jogo" e o enquadre proposto é usado para "brincar com a espátula". Mas o jogo da espátula, quando é o *squiggle game* previsto, "ataca" o dispositivo.

Em seguida, podemos ficar tentados a interpretar a destrutividade da criança, sua intolerância à frustração ou sei lá mais o quê? Ou dizer a nós mesmos que o dispositivo não é aquele que convém, e que é necessário procurar arranjar a situação de modo que não sejamos sempre tentados a interpretar como um "ataque" o que o paciente faz. A interpretação da destrutividade é importante, mas ela só é pertinente quando estamos seguros de que o dispositivo proposto é o dispositivo adequado.

O dispositivo faz parte da contratransferência; ele é o que da contratransferência pode ser despotencializado, imobilizado, o que pode ser fixado ou deve ser fixado para que uma situação de análise para aquele sujeito possa ser proposta.

Se necessário, para isto o dispositivo não pode ser transformado em tabu, nem em fetiche; ele está ali somente para facilitar a análise, para apoiá-la, para torná-la possível. Se ele representa um desconforto para o processo, não imaginamos em nome de que ele seria mantido "a qualquer preço".

As variações, os arranjos e ajustes do dispositivo são, sem dúvida, bastante variados e, se não são infinitos, podemos imaginá-los de numerosas formas. Cada variação apresenta interesses, mas também inconvenientes; o dispositivo representa sempre uma forma de "conforto" que o analista se permite, que ele se permite para a análise. Mas o "conforto" tem sempre um preço, e o dispositivo divã-poltrona não foge à regra, não mais do que qualquer dispositivo; "somente a morte é certa", Freud gostava de nos lembrar.

A questão não é imaginar ou ajustar um dispositivo que só apresentaria vantagens; a questão é imaginar um dispositivo que apresente mais vantagens do que inconvenientes para a análise, que otimize os dados da situação e as capacidades de simbolização da situação de análise proposta.

S. Ferenczi, que foi, sem dúvida, depois de Freud, o primeiro grande "explorador" dos dispositivos analíticos, propõe o princípio segundo o qual o dispositivo usado não deve reproduzir as condições do traumatismo histórico do sujeito; ele não deve repetir a zona traumática da vida psíquica. Se nós entendermos como traumatismo o acontecimento ou o modo de relação que o sujeito fracassou em simbolizar, esse princípio parece falar por si mesmo. Mas imaginamos que na prática a coisa seja mais complexa.

Quando uma análise começa, estamos longe de saber por antecipação o que será traumático para esse analisando. Além disso, sem repetição de transferência e sem transferência, não podemos conceber a análise. Sem dúvida, é inevitável que o dispositivo "repita" de uma certa maneira o traumatismo, que ele chame a transferência do traumatismo, que ele permita "encontrá-lo" para analisá-lo. Para tornar eficaz a proposta de Ferenczi, é necessário, então, relativizar e pensar que o dispositivo deve tentar fazer o possível para manter as condições de analisabilidade do processo que acaba de se inscrever e, assim, que ele modere tanto quanto possa ser tolerável os aspectos inutilmente traumáticos do dispositivo.

Por outro lado, A. Green propôs um princípio segundo o qual o analista deve tentar fornecer à transferência a "resposta" que deveria ter sido aquela do objeto histórico. Ele centraliza assim a questão na atitude analítica para otimizar as capacidades de simbolização, atitude esta que respeite aquilo que o analisando é mais capaz em um dado momento da análise.

Torna-se urgente, por meio dessas duas balizas, sabermos que não podemos ser levados a seguir "receitas" para um bom arranjo do enquadre, e que ele envolve toda a concepção de análise da análise, mesmo toda a sua arte. Sabemos que o ajuste da situação é, para começar e antes de tudo, um negócio em que levar em conta os dados da transferência, e a maneira pela qual eles conduzem o sujeito a "interpretar" o dispositivo e as intervenções do analista, é essencial.

Parece-me que Winnicott propõe um conceito que, sem estabelecer regras para a questão, permite esclarecê-la um pouco melhor. Ele destaca que, se a frustração do desejo é algo indispensável para a simbolização, por outro lado, não devemos nunca frustrar um sujeito em relação às necessidades do seu Eu. Como de costume, Winnicott não define o que é necessário entender exatamente por "necessidades do Eu", mas me parece que podemos preencher essa lacuna adiantando que as "necessidades do Eu" dizem respeito a tudo de que o sujeito necessita para fazer seu trabalho de simbolização e de apropriação subjetiva de sua história vivida. Que dizer, supomos que a simbolização e a apropriação subjetiva não podem ser realizadas sem precondições em relação ao que a família ou o meio devem fornecer para torná-las possíveis.

Tal proposta pode fornecer o ponto de partida de uma verdadeira meta-teoria dos dispositivos analíticos.

Agora, podemos passar para a questão do método, segundo desafio essencial dos tratamentos evocados neste livro.

A escuta psicanalítica e a coassociatividade

O que é próprio da psicanálise, o que fundamenta de início o método, é o tipo de escuta da associatividade; a regra fundamental da associação livre não é mais do que um efeito desse tipo de escuta, uma consequência dela.

O que fundamenta a escuta psicanalítica do funcionamento psíquico é a hipótese segundo a qual o que se associa, e em particular o que se associa regularmente, repetitivamente, possui uma ligação, testemunha uma ligação intrapsíquica. Ou bem essa ligação é manifesta, secundarizada, ou é inconsciente e resulta da parte do funcionamento psíquico que é inconsciente.

Para ser mais preciso: em 1923, nos primeiros parágrafos de *Le Moi et le Ça*, Freud sustenta que um dos efeitos maiores da evolução teórica que a segunda metapsicologia introduz é que não podemos mais falar de Inconsciente como se houvesse só um, pois precisamente há vários. Ele descreve, então, ao lado das formas que fazem parte do pré-consciente, modos de funcionamento inconsciente da parte organizada de maneira representativa da psique, ou seja do EU ele mesmo. Segundo Freud, essa propriedade foi ampliada ao SI MESMO por completo. O ISTO não se apresenta sem organização; a organização da pulsão na fonte, objeto, pulsão, alvo, é uma forma de organização e de vetorização desta, uma forma que não é um dado primeiro, mas efeito de um trabalho de organização e de construção psíquica.

É a hipótese segundo a qual a associação revela a ligação, quer ela seja conjectural ou mais estrutural, quer consciente e deliberada ou inconsciente e quase automática, condicionada de um modo "reflexo", que guia a escuta do analista, que constitui a condição de possibilidade de análise. E, sem dúvida, a hipótese complementar que, uma vez "liberada", a cadeia associativa conduz à descoberta dessas ligações, às suas formas reflexivas. A "liberação" de cadeias associativas aparece então como a razão de ser da prática psicanalítica.

O "trabalho" do psicanalista é concebido, então, na mesma lógica. A atenção livremente flutuante é também uma forma de associação livre; simplesmente enquanto a do analisando encontra sua fonte e seu dinamismo na experiência subjetiva em sofrimento ao fazer a apropriação subjetiva, a do analista, como Freud indica claramente em *Construction*, encontra seu ponto de partida no encontro entre a associatividade do analisando e a psique do analista, no impacto, na "penetração agida", na transferência[1] da associatividade do analisando sobre o analista.

Em um primeiro nível, então, a atenção flutuante do analista se dá, assim, no campo de tensão que se estabelece no analista entre uma associatividade "em duplo" e uma associatividade "afastada" em relação àquela do analisando.

No entanto, o analisando escuta o analista escutá-lo, como G. Devereux bem destacou, nas ciências humanas "o observado observa o observador", e partindo disto nunca é o observado que observamos e sim as mensagens que ele nos envia. E na situação de análise tudo é mensagem, tudo se torna mensagem, tudo é chamado a ser mensagem enviada ao analista. É o outro lado da transferência. Em análise, a associatividade é uma associatividade endereçada, o que implica ter em conta as potencialidades narrativas da associatividade e do valor "de mensagem" dela.

Melhor, à maneira do *squiggle game*, que Winnicott descreve, o que o analisando escuta, é como o analista o escuta, que dizer, o que ele "faz" com o que o analisando lhe envia. E, por sua vez (H. Faimberg, 1995), o analista escuta o que o analisando "faz" com o que ele lhe diz, ele (o analista) escuta a maneira

---

1. "Aprendemos... que a representação inconsciente é absolutamente incapaz como tal de entrar no pré-consciente e nele só pode manifestar um efeito se se colocar em ligação com uma representação inocente, que já pertença ao pré-consciente, transferindo para ela sua intensidade e se deixando recobrir por ela. É aí que está a transferência que detém a explicação de tantos acontecimentos marcantes na vida da alma dos neuróticos. A transferência pode deixar não modificada a representação pré-consciente, que chega assim a uma intensidade de uma grandeza indevida, ou impor a ela mesma uma modificação pelo conteúdo da representação que se transfere". (S.F 1900. Tradução livre da autora, a partir da edição francesa citada por Roussillon: PUF 2003 p.616-617).

pela qual ele é escutado pelo analisando, o que define a especificidade do entre "eu" da psicanálise.

Extensão da associatividade

Isso nos conduz à questão, crucial para o futuro da psicanálise, das extensões do método e da associatividade.

Até agora, em nossa reflexão, nós nos detivemos apenas sobre o impasse de uma particularidade da associatividade na prática psicanalítica padrão; ela se dá exclusivamente no campo da associatividade verbal, ao ponto que poderíamos chegar a acreditar que a associatividade *é* verbal, e confundir seu lugar de escuta e sua essência.

De fato, a premissa implícita do dispositivo e do método padrão é que o conjunto da associatividade psíquica possa transferir-se para a associatividade verbal, e que o analista esteja "pronto para esperar muito tempo" se for o caso, como indicado por Winnicott. A clínica de sofrimento narcísico-identitário mostra infelizmente que isto não é sempre o caso e que às vezes a situação de análise é confrontada com uma "situação limite", até mesmo "extrema", que leva sua pertinência analítica a seu limite, mesmo além, como em algumas formas de reações terapêuticas negativas.

No sofrimento narcísico-identitário uma parte do funcionamento psíquico refere-se às experiências traumáticas precoces, experiências que, como Freud indica em *Construction*, "precedem a aparição da linguagem verbal". Ora, o caráter traumático dessas experiências e, principalmente, as defesas que o sujeito foi levado a pôr em marcha para sobreviver tiraram, mais frequentemente, por meio de uma forma de clivagem, a vivacidade dessas experiências elaboradas em *aprés-coups* posteriormente: elas ficam como *fueros*, conservadas em sua forma primeira, no estado de seu registro inicial, isto é, expressas em formas pré-verbais.

O fracasso de remodelações ulteriores ou as particularidades deste são expressos no quadro clínico e na configuração de transferência que apresentam à análise, e o analista se vê confrontado a modos de associatividade que não se deixam integralmente ser presos no aparelho de linguagem verbal.

A problemática assim aberta está no centro da questão tanto quanto das variações dos dispositivos analíticos quanto da extensão da escuta da associatividade.

Notaremos, de início, que a psicanálise da criança, mesmo do adolescente, que não tem ainda a integralidade dos meios necessários para transferir o conjunto de sua experiência subjetiva para o aparelho de linguagem verbal, e com o que é necessário "abrir" outros modos de associatividade (como brincadeiras e desenhos, por exemplo), já nos confronta com essa questão, que não estamos completamente desprovidos para abordar. No entanto, no caso que eu evoquei acima, tratava-se de um adulto, e adultos que não aceitariam ser tratados como crianças ou como adolescentes.

A questão clínica que levantam esses analisandos, se pudermos ainda lhes chamar assim, é imensa e atualmente longe de ser uma cláusula nem na prática nem mesmo em teoria; ela alimenta uma grande parte das explorações e pesquisas teórico-prática dos analistas há mais de cinquenta anos. Ela é a que mais alimenta a exploração clínica e teórica e é em torno dela que todas as grandes obras psicanalíticas pós-freudianas são estruturadas. Não posso, nos limites que aqui me são dados, pretender circunscrever o debate que ela gera ou gerou; eu gostaria de me contentar ou de indicar seu impacto sobre a escuta psicanalítica considerada do ponto de vista da associatividade. Isto me parece poder ser abordado a partir de três considerações.

Em primeiro lugar, é necessário destacar que levar em conta "psicanaliticamente" essas questões supõe que a escuta psicanalítica aceita ampliar-se nas formas de associatividades heteromorfas nas quais se misturam e se associam às formas verbais dos dados vindos da percepção e da sensório-motricidade. Insisto no fato de que o que provoca a dificuldade é o *amálgama* de "materiais" psíquicos heteromorfos nos quais comportamentos, atos, sensações corporais vêm se "misturar à conversa" psicanalítica.

Isto conduz a uma segunda proposta. Para continuar a ser "psicanalítica", a escuta deve poder abordar os dados vindos da percepção e da sensório-motricidade como formas de significantes e isto supõe que comportamento, ato, sensações corporais sejam considerados também como linguagens, sejam constituídos em linguagens. O que implica que eles sejam considerados como formas herdadas das primeiras formas de linguagem que precedem o domínio da linguagem verbal. Mas talvez como formas degeneradas dos primeiros tipos de linguagem com as quais o bebê humano tenta comunicar suas experiências emocionais a seus próximos. Degeneradas por estarem em ligação com vivências traumáticas, degeneradas por não terem sido ouvidas no tempo em que surgiram.

Minha última observação se abre a uma terceira e última consideração. Na escuta de formas de associatividades heteromorfas, o analista não pode somente se contentar em procurar ouvir o sentido latente daquilo que se tenta contar por meio do amálgama associativo. Ele deve também, para isto, estar à escuta da maneira como foi historicamente ouvida a tentativa de compartilhar e da comunicação que presidiu ao enterro da experiência subjetiva primeira, da maneira como ela foi historicamente não ouvida ou mal ouvida. É à análise das condições do entre "eu" primitivo que o analista é conduzido na medida em que uma das particularidades das experiências e modos de comunicação pré e não verbal – isto vale também para modos de comunicações verbais, mas em menor escala – é uma "interpretação aproximada". Quer dizer, são modos de associatividade que não revelam nem suas potencialidades de linguagem nem as reflexivas, a não ser a partir da "resposta" do objeto a quem se dirigem. Se essa resposta é muito distante ou inadequada, as potencialidades simbólicas das primeiras linguagens degeneram e perdem suas potencialidades reflexivas. É por isto que somos, às vezes, conduzidos a ouvi-las apenas como "percepção" ou "ato descarga" ou "sintoma psicossomático bobo", quer dizer, como formações insignificantes, ou significando nada mais que a evacuação "para fora do psiquismo" de moções pulsionais. A partir daí, então, a escuta psicanalítica degenera, ela perde sua benevolência indispensável para a manutenção de uma escuta "em duplo"; fica apenas a escuta da diferença, que escuta para reduzir o afastamento.

Parece-me que um passo importante foi dado na retomada da comunicação de experiências precoces quando começamos a considerar que algumas formas de afeto, de ato ou ainda de manifestações corporais ou somáticas não eram apenas modos de "descarga" de pulsões, que se subtraíam a conteúdos psíquicos da representação e da linguagem, como modos de defesa, mas também tentativas para considerar na escuta meios de comunicação e experiências anteriores à aparição da linguagem. Podemos, então, passar de um modo "negativo" de escuta dessas diferentes formações psíquicas a uma escuta mais "compreensiva" de seu sentido.

Isso fundamenta esta passagem que gostaria de desenvolver um pouco mais agora.

Uma das características do "bebê no adulto" é, de fato, que as experiências subjetivas precoces foram vividas antes da aparição da linguagem verbal. Uma das hipóteses que pode ter algum interesse, então, é considerar que elas foram inscritas sob formas que precedem as formas de representação de linguagem, que elas deixaram traços pré-verbais e que elas tendem a ser reativadas na transferência sob formas que não se inscrevem em formas de comunicação linguísticas, que elas vão produzir sinais pré-verbais.

Vamos examinar que formas elas podem ter então, mas é necessário focarmos antes nessa hipótese.

Nossas experiências precoces são, sem dúvida, "inscritas" primitivamente na forma que elas tinham na época em que foram vivenciadas. Mas parece suficientemente claro que uma parte delas se religou em seguida secundariamente a experiências mais tardias, podendo assim secundariamente ser reinscritas e representadas em formas verbais.

Podemos, então, pensar que uma parte de nossas experiências precoces foi, em seguida, integrada ao nosso sistema de representações verbais, que ela foi "transferida" para o aparelho de linguagem. Ela vem então infletir seu impacto nas próprias formas de linguagem, em sua pragmática; ela se manifesta por meio de alguns aspectos não verbais da linguagem verbal, na prosódia, por exemplo, na melodia, no tom, na duração, no ritmo de palavras e frases.

Anteriormente, estudei, em *La rhétorique de l'influence* e *La matérialité du mot*[2], como no estilo, na forma da enunciação, podemos encontrar traços de experiências corporais precoces ou de estados psíquicos pré-verbais.

A linguagem verbal não transmite, de fato, apenas formas refletidas da representação psíquica; ela contém também um modo de ação, um modo de influência que age sobre o outro e lhe comunica, além dos conteúdos das palavras, experiências de ser. As representações de coisas, as representações de ação, os primeiros modos do significante são transferidos para o aparelho de linguagem.

Mas às vezes também, porque as experiências precoces foram clivadas da experiência subjetiva primeira e, assim, de possibilidades de reinscrição de linguagem mais tardias, esse trabalho de retomada fracassa. Os traços dessas experiências "enquistadas" no narcisismo primário são clivados de processos integradores; eles conservam por causa disso uma forma que é pouco propensa ao *après-coup*. Essa hipótese clínica se aproxima daquela que Winnicott propõe em seu artigo "Medo ao colapso", no qual ele propõe a hipótese de que algumas vivências traumáticas precoces não subjetivadas continuam a ameaçar a psique. H. Faimberg, refletindo sobre essas conjunturas clínicas, destaca que o primeiro *après-coup* dessas experiências precoces acontece no tratamento, quando as defesas que se opõem à sua integração psíquica começam a ser suficientemente elaboradas.

Minha experiência clínica pessoal vai no mesmo sentido e penso que alguns estados precoces, contra o retorno dos quais a psique é ativamente organizada, vão tender a retornar durante a análise e a se manifestar com a ajuda de modos de comunicação primitivos, quer dizer, anteriores à emergência da linguagem verbal.

Uma reflexão sobre a maneira como se manifesta "o bebê no adulto", para conservar essa metáfora bem cômoda, conduz-nos então a nos debruçarmos sobre os modos de comunicação primitivos e pré-verbais.

---

2. R Roussillon 1999. *Agonie Clivage et Symbolisation*. PUF.

É provável que a primeira "linguagem" utilizada pelo pequeno homem seja a linguagem do afeto, mas não é menos provável que a linguagem do afeto no bebê não seja exatamente a mesma que se desenvolverá mais tarde, quando a vida emocional será ligada à linguagem verbal. No entanto, o afeto, como C. Darwin foi o primeiro a destacar, contém uma mensagem que não diz respeito somente ao próprio sujeito, mas se dirige também ao outro. Parece mais que provável que ele procura primeiro comunicar um estado psíquico a outro antes mesmo de comunicá-lo ao bebê que "é vivido" pelos seus afetos mais do que ele possa verdadeiramente refleti-los.

A clínica ensina que há uma qualidade de afeto sem palavras, o afeto "de antes" das palavras, bem diferente do afeto inserido na linguagem. É por isso que é realmente importante para o tratamento que os estados internos possam encontrar um meio de se ligar às representações de palavra, pois elas domesticam seus efeitos. Todos os que se aventuram na análise do trabalho sobre problemáticas narcísico-identitárias conhecem esses estados de desespero sem palavras que se expressam tão somente pelas próprias manifestações afetivas.

Os estados de estupor, terror, algumas formas de fúria ou de raiva, que aparecem mais como "perturbações traumáticas de todo ser" primitivo – como Freud formula em 1926 – do que como afetos simples-sinais, como afetos mais tardios. O caráter "passional" de certos afetos parece, também, ser um indicador da presença de um componente arcaico. Pude formular a hipótese de que a forma passional de afeto resultava do amálgama de uma vivência arcaica e de uma sexualização relevante da adolescência.

Mas o afeto é também a sensação, sensação intracorporal em particular.

René Roussillon

INTRODUÇÃO

O tema ao qual resolvi me dedicar na elaboração de minha tese, a comunicação difícil na clínica, estava entranhado em mim há muito tempo, já que sempre suscitara minha inquietação. Faltava um empurrão emocional para eu sair da quietude e ir à busca de argumentação teórica. E assim veio o desafio.

Numa discussão clínica de uma paciente *borderline* vieram à baila algumas divergências interpretativas, que poderiam ser consideradas como algo absolutamente natural, mas que, naquele caso específico, conduziram-me a questionamentos mais antigos.

Quais eram a natureza e a eficácia do uso de alguns tipos de interpretações consideradas clássicas dentro da psicanálise? Quais outras modalidades de ações terapêuticas, a serem consideradas, foram introduzidas nos últimos quarenta anos? A seguir, procuro estabelecer a diferenciação entre elas.

A ideia original de Klein sobre símbolos e como fariam parte das interpretações do analista representou um avanço terapêutico na época. Não havia nenhuma dúvida de que o corpo fosse sempre o primeiro "habitat" do psíquico, por isso mesmo todas as projeções corporais da criança são feitas sobre o mundo, como forma de conhecê-lo e conhecer a si mesmo. Têm lugar, então, as primeiras equações simbólicas que passarão na clínica a se prestar ao uso do analista como interpretações.

O que se tornava instigante para mim era procurar como eram acionadas respostas nos pacientes através dessa comunicação verbal repleta de elementos concretos.

À medida que outros recursos da clínica contemporânea foram sendo introduzidos por Winnicott e Roussillon, apenas para me referir aos autores de maior relevância para o esclarecimento das questões que levantara, a ação terapêutica entendida num sentido amplo pôde ganhar outras formas de expressão. O trabalho clínico pôde ampliar-se e atingir novos patamares, sobretudo no tratamento de pacientes com dificuldade de simbolização.

Desde muito pequena chamava-me atenção a questão da comunicação entre as pessoas e principalmente entre mim (criança) e os adultos. Comecei a apreender, espontaneamente, a modulação de voz e as posturas gerais das pessoas e, segundo meu critério da época, eu conseguia "saber o que ia acontecer". Foi uma aquisição que ficou para mim e me acompanha desde então, sem, contudo, considerar-me "mágica".

Tanto os diferentes timbres, as modulações de voz, quanto gestos, ações, posições corporais eram os primeiros indicadores para eu me situar numa determinada relação: num gradiente que ia do bem com nuances até chegar ao mal. Refiro-me ao que o senso comum chama de aparência, a apresentação da pessoa, e que Platão tanto desprezava: os sentidos, o mundo sensível portador das ilusões. É o que se impõe de maneira muito importante para mim. Mas a vida é exalada pelos poros dessa "massa grosseira" que, enredando-se no outro, vai gerando formas de afeto, produzindo contornos "pontilhados" de vida. E tudo isso se comunica de um para outro, não de uma forma clara, escancarada, mas se comunica vindo do mais profundo e constituindo-se no mais aparente, bastidores das peças teatrais sustentando a encenação que, do contrário, não teria lugar.

Quando iniciei meu trabalho clínico, eu era acometida por essa avalanche sensorial à qual me referi e parecia que eu tinha que eliminar tudo isso para dizer alguma coisa que coubesse ao paciente. Com o tempo, fui aprendendo que poderia fazer valerem, como eu chamava, minhas "intuições", mas, ainda, usando de interpretações verbais. A modificação veio quando comecei a prestar atenção em meu corpo à medida que era acionado em contato com determinados pacientes. Um sinal que, ao mesmo tempo em que me fornecia pistas para fazer trabalhar o incipiente psiquismo do paciente, indicava as expressões corporais dos próprios pacientes.

Por essas veredas de signos, essa investigação percorreu.

O problema pesquisado diz respeito a procedimentos que foram usados no momento em que meu corpo foi acionado, em sessão com duas pacientes meninas, como resposta a alguma necessidade psíquica delas. Como essa situação se repetiu algumas vezes, entendi que a compreensão psíquica não estava sendo alcançada por minha verbalização. Ao fazer uso de sensações experimentadas em meu corpo, no lugar de verbalizações, havia um ressoar imediato por parte de ambas pacientes. Portanto, deixei em suspenso essa questão que foi a primeira pesquisada.

Sabia que estava num terreno de funcionamento mental inicial, talvez de equações simbólicas, pois os dois casos clínicos diziam respeito a pacientes da ordem do *borderline*. Dar interpretações verbais não funcionara: faltava o "miolo", a experiência, para encarnar as "palavras" (interpretações verbais). É aqui que ganha todo o sentido dizer que as palavras usadas pela interpretação verbal corriam o risco de se tornarem palavras vazias, colagens sem sentido para as pacientes.

Que importância teriam tido as sensações experimentadas corporalmente para se tornarem eficazes na compreensão psíquica das pacientes? Meu corpo fora o mediador e promotor do que se gestava entre mim e as pacientes.

Existiria algum tipo de simbolização primeira rudimentar prenhe de elementos corporais ou de outra ordem, diferentes das equações simbólicas e do símbolo?

O problema que foi pesquisado se encaminhou para a busca de questões que pudessem vir iluminar as propostas levantadas pelos questionamentos acima.

Na verdade, era um tipo de relacionamento inibido, no qual a linguagem verbal não se fazia presente entre paciente e analista e aparentemente tampouco havia qualquer outro tipo de contato. A pesquisa foi oferecendo compreensão para essa maneira de ser: dificuldades advindas da falta de ajuste emocional, falta de um banho sensorial de tempos primordiais que tinham criado "buracos" no sujeito, falta de ligações em seu psiquismo, que se manifestavam num contato absolutamente empobrecido, não só da ordem do verbal.

O material começou a ganhar feitio. Era uma questão antiga minha de ir buscar contato com o paciente no ponto exato de sua regressão, não importando quão arcaica esta pudesse ser! As palavras de nada serviam para chegar a meu paciente, a não ser para fazer barulho. Essas ideias com as quais eu partilhava já tinham sido introduzidas por Madame de Sechehaye, em 1956 (p. 271).

Para adotar um termo cunhado por Coelho Junior (2010), o de corporeidade, começo a prestar atenção em que muitas vezes minha corporeidade, não a psíquica, mas a física, tem reações às corporeidades de minhas pacientes. Esse termo é importante, pois nos oferece uma alternativa para a clássica separação corpo-mente: "seria designar um campo específico de experiências sensoriais, afetivas e significantes mesmo que protosimbólicas" (COELHO JUNIOR, 2010, p. 53). As dimensões da corporeidade delas e a minha reagem em níveis diferentes da própria corporeidade. No início, as respostas psíquicas das meninas podiam ser vistas em atos, comportamentos, posturas, feições, sendo necessário aprender a lê-las. Como também minha corporeidade pode por mim ser sentida, vista e compreendida silenciosamente. Em momentos de muita tensão, quando minha respiração estancava, era o momento de uma nova conquista ter lugar na paciente. Como se, apenas, quando eu voltasse a respirar algo pudesse nascer dentro da paciente.

De fato, tratar através da psicanálise o que se mostra pelo "corpo" podia parecer um retrocesso, como assinala Coelho Junior (2010, p. 51): "retornando a psicanálise pela porta dos fundos à neurologia, ao lugar de onde saiu há cem anos atrás para se tornar um saber específico".

Era de fato uma tarefa complicada, mas, como dizia Charcot (1893): "*mais ça n'empeche d'y exister*".

À medida que os resultados na clínica iam se mostrando favoráveis, fui em frente trabalhando enquanto ganhava para mim todo o sentido em poder exercê-lo psicanaliticamente. A minha confiança na maneira como eu tinha trabalhado na clínica nem por um minuto me levou a pensar, enquanto escrevia a tese que originou este livro, que, por ser diferente e tão dependente da resposta única do analista, poderia apresentar riscos incomensuráveis. Penso no trabalho do analista como uma "regressão a serviço do ego corporal" do analista para poder se comunicar com o paciente. Acredito ainda que para alguns analistas essa experiência possa ter lugar mais facilmente do que para outros. Como a hipnose, tão usada na época de Freud: alguns conseguiam hipnotizar, outros não. E, como nos dias de hoje, Botella (2007, p. 2) diz, ao fazer valer o processo da regrediência em sessão: imagens podem ocorrer ou não para o analista, que seriam as imagens ligadas ao irrepresentável do paciente,

> [...] se não vem, não vem, e não existe muita razão para isso. É um pro-

blema no tratamento dos pacientes *borderline* quando os analistas não podem fazer uma regressão no sentido da figuração, pois não fazem contato com as angústias profundas do paciente.

A "simbolização primária", como descrita por Roussillon, seria um processo dos tempos primevos do contato mãe-bebê, que poderia ser sintetizado da maneira apresentada a seguir.

O tempo primeiro, considerado no limite do pensável, diz respeito à apropriação inicial da experiência sensorial, a qual se acompanha da contenção da excitação que se faz presente nessa experiência primária de caráter desorganizador. É o tempo da constituição da pulsão que já teve seu início desde o período fetal. Pode-se concebê-lo como a primeira metabolização sensório-perceptiva motora, que deve ao mesmo tempo operar uma descondensação da experiência sensorial global para permitir sua posse e, em seguida, reorganizá-la em esquemas perceptivos motores que constituem as primeiras formas de representação. Parece que essa primeira fase se organiza sob o primado do tocar, do controle do movimento (através de informações cinestésicas e vestibulares). Logo vem o tempo da simbolização primária, propriamente dita, no qual os traços perceptivos motores são transformados em representações-coisa. Esse processo reúne alucinação e percepção e pressupõe uma atividade de ligação e de síntese, tal como acontece durante a partilha estésica. É quando tem entrada de maneira predominante o registro visual.

Depois de um logo percurso, chegamos, então, ao tempo da metabolização da linguagem em representações de palavras, tempo da simbolização secundária, tempo de dar sentido dentro de uma temporalidade linear, tempo este bem conhecido por todos nós.

Meus dois casos clínicos dizem respeito, segundo a maneira como os entendi, a pacientes portadoras de falta de simbolização primária. Duas são as possibilidades de esse processo poder ser revertido: ou em situações de *après-coup* em um novo contexto emocional ou num trabalho terapêutico da psicanálise da forma como tentei mostrar na pesquisa que fiz para a tese de doutorado que originou este livro.

Na disposição arquitetônica do trabalho procurei seguir as etapas naturais do desenrolar de meu questionamento clínico teórico.

O que me propus a examinar nesta pesquisa foram ações terapêuticas desenvolvidas no campo transfero-contratransferencial iniciadas por um acionar espontâneo no corpo do analista (no caso, eu mesma), que foram usadas como guias para manejos da ordem do não verbal.

O projeto arquitetônico final ficou delineado em dois capítulos básicos.

No capítulo 1 foram agrupadas as questões clínicas que dispararam minha pesquisa e os movimentos de busca teórica para o embasamento necessário para proceder às tessituras clínico-teóricas. O conceito de simbolização primária, concebido por Roussillon, foi entendido como aquele de maior pertinência para ser usado em meu trabalho clínico, trazendo todos os desdobramentos conceituais próprios a sua conceituação. A partir daí, o percurso teórico também se fez acompanhar pelo desenvolvimento teórico de Roussillon. Portanto, o diálogo que estabeleço tem em sua pessoa meu principal interlocutor.

No capítulo 2 encontra-se disposta toda a estrutura teórica a respeito da simbolização primária e da apropriação subjetiva. De posse desse cabedal de conhecimentos foi possível usá-los recortando vinhetas da clínica de Bia. Acabo inserindo o caso da paciente Laura em seguida, pois é somente uma releitura que faço de um caso, também, com movimentos corporais, à luz agora da simbolização primária.

Capítulo 1

O CASO CLÍNICO DE BIA

Encontrei-me num espaço de oito anos atraída por dois casos clínicos de minha prática analítica, que se assemelhavam por não se enquadrarem nos cânones habituais da interpretação psicanalítica. Ambos me exigiram uma criação de procedimentos facilitadores para que alguma eficácia pudesse ser obtida no trabalho terapêutico. Era um trabalho ludoterápico com duas meninas: no primeiro caso a pequena paciente tinha três anos de idade e no segundo caso a menina estava com sete anos.

O primeiro caso foi de uma paciente à qual dei o nome de Laura. O processo terapêutico foi me conduzindo num envoltório de teorias já conhecidas, das quais eu me servia para o bom andamento do material clínico. Um grande número de vezes, eu me percebia funcionando intuitivamente, o que me levava a atribuir o nome de algum mecanismo metapsicológico já descrito dentro da teoria psicanalítica.

Era como se eu tapasse com conhecimentos já sabidos algo que pertencia ao reino do ainda não sabido. Esta última afirmação só pôde ganhar corpo depois de o segundo caso, o caso Bia, ter se imposto a mim de maneira contundente, ao exigir maior compreensão do trabalho analítico. Dessa vez, as teorias não eram aplicáveis e me encontrei fazendo/dizendo coisas que eram recusadas pela paciente. Era necessária uma outra abordagem. As palavras deixaram de ser representações conceituais para serem experimentadas como coisas concretas, sensíveis aproximando-se de uma realidade sensorial corporal. O mais interessante desse momento de apropriação de novo conhecimento é que eu já tinha vivido, "sem saber", situações semelhantes no caso Laura, oito anos antes.

É a partir do impasse clínico trazido pelo caso Bia que posso rever o caso de Laura, à luz de novas compreensões psicanalíticas oriundas de minha experiência clínica.

Construções clínicas

O caminho a ser percorrido se apresenta através de duas construções clínicas. Cabe lembrar que aqui o sentido de caso clínico a ser empregado é tão somente como produto posterior de uma vivência a dois, analista-paciente, durante o processo de análise, num tempo cronológico que dista do mesmo, e numa criação construída pelo psicanalista que visa transformar em metapsicologia o que foi *teoria em gérmen* (FÉDIDA, 1992, p. 230) desse caso clínico. A construção do caso é possibilitada pela "figurabilidade do texto teórico e assim a partir de sua capacidade ficcional de produzir modelos clinicamente deformáveis e transformáveis" (FÉDIDA, 1992, p. 234). O fato de o texto poder ser considerado metapsicológico deve-se à sua possibilidade de legibilidade sempre potencial da clínica do caso.

O caso clínico de Bia representou o objeto de estudo que, ao questionar a teoria, terá como objetivo fazê-la trabalhar desvendando novas aberturas para minhas propostas.

As ações terapêuticas, que fui acionando, funcionam a partir de que movimento presente no eixo transfero-contratransferencial?

Onde buscar na teoria psicanalítica um apoio teórico que pudesse oferecer sustentação a esse tipo de intervenção terapêutica?

A reconstrução do caso clínico: a narrativa do caso Bia interpela a clínica corporal

A paciente em questão ilustra o caso de tratamento mais atual, pois cronologicamente Bia vem oito anos depois de Laura, que será o segundo caso aqui narrado.

Bia chegou aos sete anos a meu consultório num franco surto psicótico caracterizado por muitos personagens persecutórios, briguentos, que a atormentavam e aos quais ela retrucava na mesma moeda.

Os pais estavam extremamente preocupados com o comportamento da filha: dizia ser Joana d'Arc, tentara escalar as grades da escola em fuga, esbravejando que queriam matá-la, que na escola não gostavam e riam dela. Mas os relatos não se reduziam apenas à escola, como aparentava ser inicialmente o desejo dos pais. Ao me aprofundar mais na história relatada pelos pais, vi que Bia preocupava-os havia muito mais tempo, quando aos 2 anos atirava-se aos pés da mãe, com grande gritaria, não podendo se desgrudar, no momento em que ela saía de casa para o trabalho. Essa tinha sido a época em que havia nascido seu primeiro irmão, ao qual manifestava fortes ciúmes. Era uma relação difícil, que se arrastava até aqueles dias. Apesar de toda a informação psicológica já conhecida, os pais negavam, a todo custo, a gravidade do quadro clínico de Bia. Estava num colégio de ensino tradicional, rígido, desde a pré-escola, onde era vista como tímida e calada.

Ao entrar no primeiro ano, "fez um pânico", segundo a mãe, no momento em que não conseguiu atingir alguns objetivos da escola, que na verdade também eram os de sua casa. Nessa época, ficava trancada no quarto, deitada na cama em posição fetal, tendo deixado de frequentar a escola por um tempo. Naquele momento entendeu-se que tinha tido uma depressão. Foi medicada por dois diferentes médicos psiquiatras, os quais não conseguiram nenhum resultado apaziguador; pelo contrário, os remédios deixaram-na agitada, num franco surto maníaco. Já tinha recebido um diagnóstico de TOC, outro de doença bipolar e, finalmente, de depressão.

Nessa confusão de remédios, de diagnósticos, dos pais, Bia chegou a meu consultório.

Encaminho os recortes da clínica, a partir dos quais fui levada aos questionamentos teóricos que redundaram neste trabalho.

Procurei desenvolver questões metapsicológicas trabalhadas na atualidade, que incidem sobre esse trabalho de "simbolização primária", para dar sustentação à minha clínica.

O trabalho com Bia, uma paciente com complicações de dependência e separação, de espaços vazios em seu ser, pôde se beneficiar do processo analítico, à medida que eu (a analista) comecei a levar em conta os movimentos corporais produzidos em mim, durante as sessões, para lhes dar ação terapêutica.

Como será relatado no item "Clínica atual – um entremeado de clínicas" (pág. 63 e seguintes), há bastante tempo eu vinha atenta aos comportamentos de ação, principalmente em crianças, embora aos movimentos corporais produzidos em mim pelos pacientes não houvesse dedicado maior relevância.

O desenrolar do processo analítico de Bia

Chegada de Bia

Após meu primeiro contato com Bia, não tive dúvidas a respeito do campo analítico no qual eu iria trabalhar: uma menina num surto psicótico delirante, de sete anos, pedia um delicado trabalho de "tecelagem" para tentar refazer tramas da constituição de sua pessoa, ainda tão no começo.

E assim chega Bia a meu consultório.

Bia estava sentada no sofá da sala de espera apertada entre pai e mãe e um pequeno bloco de contas, que dava a impressão de servir de amparo a sua pessoinha. Ferozmente escrevia contas de maneira compulsiva ao apertar o caderninho para que esse não saísse de sua mão.

Quando a chamo para me acompanhar à sala de ludoterapia, o pai tenta persuadi-la a deixar o bloquinho de contas com ele, ao que Bia reage com raiva, dando um grunhido "Hum!" e uma cotovelada, assim salvando o bloquinho em sua mão para levá-lo com ela. Sobe, entra em minha sala, senta-se na mesinha, continuando, sem olhar para mim, a fazer as contas como se estivesse ocupadíssima sem querer ser perturbada.

Apaga com força seus escritos, rasga a folha, sendo a impulsividade nos movimentos descontrolada. Resmunga:

— É o diabo safado! É ele! (*é uma voz quase ininteligível*).

Não sei se é uma alucinação ou um delírio, mas tento fazer contato com o *diabo safado* e digo:

— Ele está fazendo você errar suas contas! Esse diabo safado!

Parece que não me ouve. Continua enfiada com a cara no papel. Digo:

— Logo agora que você quer me mostrar que sabe as contas da escola, o diabo está estragando tudo?

Faz um contato muito breve comigo, ao tirar os olhos do bloquinho, resvalá-los por mim, indo morrer no canto da sala. Nessa direção Bia volta seu pescoço, apura seu ouvido e diz algo de difícil compreensão como:

— Harry, Harry (mais tarde soube que Harry Potter era uma de suas figuras prediletas, usada em seus delírios).

Perambulou pela sala como se estivesse em contato com Harry, como se Harry a estivesse chamando.

Quando termina a hora lúdica, Bia pergunta:

– Fechou?

A voz é de pressa, a tonalidade é diferente daquela da sessão e me pareceu a fala de um cumprimento de rotina.

Digo:

– Fechou nosso encontro hoje. Amanhã abre de novo, porque vou te ver. Tchau, Bia.

Falo com o "diabo" para poder entrar em seu delírio e ter uma via de contato com a menina. O perseguidor é o "diabo safado"; os erros de Bia são negados e atribuídos ao diabo safado para incriminá-lo. Ela não é culpada de nada. Quando insisto com minha intervenção, ela foge para "Harry", que é um bruxo forte. Penso: ela precisa se valer de um bruxo poderoso contra mim? Trabalho de análise do tipo de objeto-subjetivo (Winnicott).

Os interlocutores (colegas, leituras) que estão sempre prontos nos acompanhando se fazem presentes, e é aí quando começa uma longa rede trabalhada de "simbolizações primárias", que se entrelaçam do analista para o paciente, tendo já tido início nas interlocuções anteriores.

Por isso, lembrei-me, ao sair dessa primeira sessão de Bia, de uma carta de Winnicott (1990) para Betty Joseph, na qual a questão do foco de seu trabalho analítico está muito bem colocada. Faço um recorte sobre a parte da carta que delimita meu lugar de trabalho: estágios iniciais da vida do bebê quando ainda a fantasia não se fez presente. Escreve Winnicott:

> 13-4-1954
>
> Cara Betty Joseph,
>
> [...] O que estou tentando assinalar não é a fantasia de um seio bom ou mau. Estou tentando chamar atenção para os estágios bem iniciais, inteiramente separados da fantasia. Acho que essas duas coisas são tão diferentes uma da outra, quanto duas coisas podem ser. Se as misturarmos

estaremos fazendo a maior confusão. Acho bastante difícil com que as pessoas abandonem por um momento a fantasia do bebê com relação a um seio mau e recuem a um estágio anterior, no sentido de uma técnica de maternagem ruim, tal como, por exemplo, a rigidez (a defesa da mãe contra o ódio), ou a confusão (a expressão do estado caótico da mãe). Se você acha que não é possível que uma técnica de maternagem afete um bebê, exceto que o bebê tenha uma fantasia da mãe ou do objeto parcial, acho que você tem que dizer isso, que é um ponto de vista interessante do tipo extremo. Com certeza estou afirmando que são dois temas separados e que devem ser considerados de maneiras diferentes [...].

Era esse meu território com Bia, estágios bem iniciais, nos quais a fantasia não dava conta de dizer e nos quais a minha pessoa real de analista iria fazer a diferença.

Onde está o fio da meada? – o sinal corporal passa desapercebido

Na segunda sessão de Bia, embora pairasse no ar um vazio, o que me levou à pergunta "Bia, onde você está?", não deixou de circular um movimento, que foi acionado em mim corporalmente, mas ao qual, na ocasião, não dei a importância que mais tarde passei a dar.

Bia senta-se no chão à minha frente e vou abrindo os materiais. Como não há nenhuma reação dela, digo que pode ir separando o que ela quer usar comigo, porque vamos trabalhar juntas daqui por diante. Com a mão ela vai pinçando alguns brinquedos. Não há nenhuma expressão facial, nem alegria, nem tristeza, é um nada diante de mim.

Bia está sentada no chão com as duas pernas totalmente esticadas, numa posição bastante incômoda, como se estivesse suspensa apenas por fios, como um fantoche.

Percebi-me retesando o meu corpo e querendo dar uma forma arredondada em meus braços. Esse movimento dentro de mim tornou-se repetitivo e incômodo, tanto que precisei sair de onde eu estava sentada e ir para outro lugar. Nesse momento, nessa segunda sessão, não liguei o quanto esse movimento em meu corpo de retesar era uma resposta a todo o desmoronamento do corpo de Bia. O fato de eu mudar de lugar também era apenas um indicativo de alguma mudança a ser processada. Nada disso naquele momento era claro.

Aproveito a minha reação corporal desconsiderada para lembrar a respeito da importância do que parece ser pouco relevante. Sem dúvida, por um processo de economia de energia, existe uma seleção prévia do que deve ser levado em consideração nos processos analíticos. É uma característica que não diz respeito apenas aos processos analíticos! Na vida é assim.

O que, analisando agora, eu experimentei foi um sinal. E é a partir de se começar dar importância ao que poderia parecer totalmente insignificante que se transforma esse material espúrio em um signo ou sinal. A clínica psicanalítica sempre apostou nos significados e nas transformações em representações simbólicas e se esquece de que transformar a "matéria psíquica primeira" em signo, em forma, sempre foi seu objetivo inicial. Por isso mesmo vejo na "clínica do signo", nas simbolizações primárias, uma abertura para formas psíquicas que só apresentam seu significado como potencial.

Depois de cinco meses de trabalho caracterizado pelo isolamento de Bia dentro de seu mundo delirante, afastada de mim, houve a possibilidade de contato e de sua resposta dirigida a mim.

Era uma brincadeira... ou o que era?

Nessa sessão Bia recebe uma incursão que faço em seu material delirante e é a primeira vez que interagimos. Esse é o período da operação cirúrgica do *patrãozinho*, período de muitos delírios com esse personagem, responsável pelas coisas erradas que Bia fazia. Até, então, Bia rodava pela sala, pegava algum de seus materiais, mas estava sempre delirando baixinho. Esse comportamento delirante de Bia era constante na sessão e também em outros lugares. Posso usar o conceito de comportamento "auto-simbólico", empregado por Roussillon, para esse comportamento dela que tem lugar em sua economia narcísica, não dirigida a ninguém em especial. Como Bia já tinha mostrado muitos delírios em sessão, estes começam a apresentar um valor interativo, já que eu tinha sido afetada por eles. Resolvo, como disse, agarrar um gancho no qual ela falava: "Era um desastre," precisava salvar o patrãozinho... ele corria perigo de vida! e joga um papel no chão. Digo: "É verdade!..." pego o papel (fingindo que era o patrãozinho)... "Para onde vamos levá-lo?" Bia diz "rápido, rápido, rápido para o hospital..." Resolvo perguntar quem sou eu, na brincadeira, porque tinha ouvido alguma coisa de ir para a Doutora. Não era o momento de fazer interrupções nesse fluxo associativo tão raro em Bia, mas quis ter certeza do que ouvira, pois me parecia demais trazer para mim (a Dra.) essa figura do patrãozinho precisando de ajuda. Resolvi arriscar a pergunta, e qual não é meu espanto quando Bia diz que eu era enfermeira. Ela era o médico.

Portanto, ao escutar e aceitar esse papel para mim, digo: "Para onde vamos levá-lo?", fazendo do delírio uma "mensagem endereçada" e da transferência uma "transferência baseada na ação". O comportamento de ação ganha valor na interação preparando-se para ganhar uma dimensão intersubjetiva cujo material poderá ser refletido por mim (sujeito) dirigindo-se a ela Bia (agora outro sujeito, na medida em que possa receber minha reflexão). Evidentemente, as condições para a reflexão poderiam estar arranjadas, mas ainda vai levar um tempo longo para efetivamente poderem ocorrer. De fato, nesse período eram as operações cirúrgicas a que o patrãozinho tinha que ser submetido que me possibilitavam fazer "reflexões" para Bia: "Dra., a Sra. vai conseguir salvar o patrãozinho?", "A família quer que ele melhore?" Ao fazer tais perguntas na brincadeira, era à pessoa de Bia que eu me dirigia, eram seus recursos que estavam sendo considerados por meio de minha reflexão. Bia estava tão excitada, mais em me "comunicar o acidente" do patrãozinho e os procedimentos operatórios, com a tinta vermelha, o sangue do patrãozinho jogado num plástico com pontas de lápis, pedaços de giz (remédios), do que em receber algum "reflexo em espelho" que eu estivesse enviando. As minhas perguntas eram respondidas por Bia quanto ao que deveria acontecer ao patrãozinho. Entre "estar salvo e não sabemos", finalmente o patrãozinho acaba morrendo, antes de um período de férias analíticas. Patrãozinho desaparece do convívio desde então.

Parecia um jogo lúdico, mas seria? Concretamente a morte tinha sido aplicada ao patrãozinho, que pelo seu desaparecimento levou-me a pensar em um ato-delirante de Bia. Mas, com essa dramatização, parecia que tínhamos andado alguns passos. Bia me aceitara em sua alucinação e, assim, o que antes ficava encerrado em seu delírio, pode ser transformado em uma cena montada com a presença do outro. Era um começo para Bia sair de uma forma anônima para uma forma de futura intersubjetividade.

Bia não tinha sido contemplada com a preocupação materna primária: a mãe, entre soluços, confessa que não tinha sabido o que fazer com essa criança que chorava o tempo todo, com a carreira que tivera que abandonar e com o marido deprimido pelos cantos pedindo atenção desde que o bebê tinha nascido. Era uma desilusão enorme para aquela mulher de 36 anos, que tinha achado que estava na hora de constituir família (marido e filhos), já que chegara a certa idade!...

O pai e mãe de Bia formavam um par de opostos: ele, o bonzinho dissimulado, ela, a perfeccionista intolerante.

E a cada vez que, seja por frustrações ou desilusões, a fúria tomava conta de Bia, objetos eram atirados, portas eram batidas, gritos de ódio invadiam o ambiente. A impulsividade, o descontrole motor sugeria o quanto Bia não podia aceitar ser um Ser separado da mãe, que, com certeza, já não tinha correspondido aos anseios dela desde que "dera a ela um irmãozinho, nascido dois anos depois da menina".

Reconstruindo a história de Bia, eu via que a chegada do irmãozinho tinha sido um desastre para ela. Pelo roubo de seu lugar junto à mãe, mas, principalmente, pelo comportamento da mãe diante de suas reações de fúria, sua situação da dependência-separação tinha sido disparatada. Já que a separação entre mãe-Bia tinha sido implantada com o colorido de uma "amputação" devido à severidade reativa da mãe, os sentimentos em Bia tinham se agravado, pois a própria relação de dependência primária com a mãe fora de extrema fragilidade.

Então, nesse momento do tratamento estavam ocorrendo situações de bastante ansiedade em Bia, que facilmente se transbordavam em impaciência, irritabilidade e agressividade, como se fossem uma maneira de evitar construir qualquer vínculo de confiança e dependência comigo.

No próximo fragmento clínico essa afirmação ganha sentido à medida que tenho uma reação muito diferente do objeto original (mãe) diante das manifestações impulsivas de Bia.

Trabalhando o destruído-achado – o espelho e seu reflexo

A paciente está com um quadrinho onde tenta desenhar um tipo de figura humana, mas só coloca uma perna e escreve: "UM ALIENÍGENA" e empurra o quadrinho como se não o quisesse.

Em seguida me pede para completar o desenho do alienígena. Pergunto se seria para completá-lo do jeito que eu quisesse.

Balança a cabeça afirmativamente, e eu faço a outra perna do alienígena e pergunto se está bom. Ela me manda fazer a *pixixica*, e abaixando um pouco sua calcinha mostra que é para fazê-la dividida ao meio.

Pergunto se é o buraco por onde sai o xixi ou o buraco por onde sai o cocô (o motivo de eu fazer esta pergunta é que vinha vindo em sessões anteriores um assunto de ela não fazer nem xixi, nem cocô). Ela me diz que não, e que é bem dividida e calca bastante o lápis marcando claramente a parte genital feminina. Percebo que sua irritação começa a aumentar e inicialmente xinga a si mesma e depois começa a me dar uma bronca, bem raivosa.

As questões das diferenças de sexo por ela expressas estão claras e talvez o quanto ela se sinta desigual, um alienígena, me pedindo para ajudá-la nessa diferença. Mas não há tempo para irmos por esse caminho de "conversa". Mesmo porque não acredito que seja esse o momento do trabalho das questões de diferença. Penso que o trabalho terá que se centrar sobre a construção do semelhante, uma questão narcísica que não foi construída. De volta à sessão, tenho que ser mais rápida diante da irritabilidade que está se apresentando em Bia. Digo:

– Você perde a paciência, só porque não fiz do jeito que você queria, começa a gritar comigo, a me xingar... eu também vou arranjar alguns amigos imaginários....

Quando faço essa dramatização tentando me colocar em cena identificada com a própria Bia, como ela age em suas fúrias contra sua mãe, ela tem um movimento brusco, levanta-se e grita:

– Eu não tenho amigos imaginários! – e sai correndo da sala.

Resolvo ir atrás dela porque vi que hoje ela parecia um "buscapé". Não a acho facilmente, tanto mais que não é de seu hábito sair desse jeito da sala. Quando a encontro, está escondida debaixo da escada.

Digo: "Te achei", num tom jocoso. Ela me olha com uma cara encantada (os olhos estão vivos brilhantes e o contato comigo é muito intenso, através desse olhar iluminado).

Bia pede:

– Vem me procurar de novo.

Eu tenho que "bater cara" até ela me chamar para procurá-la e assim ficamos brincando de esconde-esconde até acabar a hora lúdica.

Para mim foi uma surpresa sua reação. Lembrei-me de Winnicott: o bebê destrói a mãe, mas a mãe que sobrevive à destrutividade vai ser encontrada. Com certeza eu tinha sobrevivido! Entretanto, é na resposta do objeto a principal razão da abertura psíquica. Eu (objeto) tinha conseguido sair da órbita de destrutividade que tinha gerado seu afastamento de mim na sessão e, diante do meu reencontro amistoso ao lhe dizer: "Te achei", tinha-se criado para ela um novo horizonte. Por isso me pede para procurá-la de novo, o que, com certeza, é a busca da segurança na repetição de ser sempre encontrada dessa maneira pela qual sua destrutividade não colocou tudo a perder e começa a poder entrar em contato com a realidade.

Bia me dá impressão de uma criança bem pequena sendo achada e podendo SER. As palavras de Winnicott fizeram eco no que pensei: "É muito bom se esconder, mas não ser encontrado é um desastre!".

Primeira sessão de volta das férias – *après-coup* na sessão seguinte

Na primeira sessão de volta das férias, Bia encontra-se razoavelmente bem, e o dado relativamente novo é que está podendo "conversar".

Enquanto isso, me pede para eu "fazer ela bruxa" (desenho dela de bruxa). Ela gosta tanto do desenho que até o leva para casa no fim da sessão.

Na conversa comigo, diz que não gosta de fazer nem xixi, nem cocô, que é uma nojeira e que ela não faz isso.

Passado um tempinho, como se estivesse rindo da minha cara, ela diz:

— Eu não ouço, não vejo e dentro de mim é tudo preto.

Respondo:

— Sim, então, já sei por que você queria ser bruxa. Você ia ficar tão poderosa e ia mudar tudo isso em você: não ia fazer nem xixi, nem cocô, nem ver, nem ouvir. Acho que você não ia existir.

Bia ficou ao mesmo tempo sem graça com o que eu falei e por outro lado parecia contente. Com certeza não tinha ouvido de mim o que sua mãe costumava dizer: "Pare de falar bobagens!" Pela primeira vez, apareceu um maneirismo de conservar as duas mãos fechadas, voltadas para si, para dentro, durante quase toda a sessão.

Lembrei-me de que é um movimento bastante frequente nos autistas. Roussillon (2010, p. 68) coloca que essa estereotipia do retorno das mãos fechadas para si é a evidência no corpo de um gesto que não foi recebido pelo objeto-mãe: a mão ia em direção à..., e acabou um gesto falido, o contato não se dá e a marca dessa composição-descomposta aparece nas mãos fechadas retornadas para dentro.

De novo, parece-me que o sinal das mãos fechadas, voltadas para si mesma, confirma seu medo de realmente estar se entregando a mim, diante da cara que faz quando digo que "talvez ela quisesse até não existir".

Bia está num contato fácil enquanto ritmo afetivo, comigo, e se comunicando. No entanto, essa sessão só pôde ser compreendida à luz da sessão do dia seguinte.

Tornei-me espectadora do tempo atual do trauma – comunicações primitivas – linguagem de afeto – linguagem de ação

Esta é a sessão do dia seguinte, em que vai acontecer o exemplo vivo de um *après-coup*.

Novamente Bia já foi para a sala de ludo quando chego à sala de espera. A mãe diz que não conseguiu segurá-la, que está começando a se agitar. Foi dormir só às duas da manhã e caiu duas vezes da cama. Bia está andando na sala para cá e para lá. A agitação psicomotora é muito forte, talvez como eu nunca tenha visto antes, nem em Bia nem em nenhum outro paciente. Começa a bater com as mãos nas paredes, gritando: "Preciso sair! Preciso sair!"

Vai batendo de parede em parede da sala e gritando: "Preciso sair". "Foi a cobra que veio"... "Encontrei a saída secreta"...

A expressão de Bia era de total desatino, uma violência do desespero que inicialmente me assustou, mas resolvi tentar fazer contato com ela:

— Eu vou te ajudar a sair, vamos pela saída secreta....

Bia não escutava nada que eu dizia e continuava:

— Nossa Senhora... eu preciso sair...

— Eu fui a primeira que achei a passagem secreta.

Eu digo:

— Sem dúvida, você foi a primeira que nasceu.

Já estava claro para mim que tinha algo a ver com nascimento, estar na barriga da mãe, ela não queria sair de lá, ou ela dizia que queria sair de lá. Lá ela não podia nem ver, nem fazer xixi, nem cocô.

Não havia qualquer eco de sua parte para eu poder prosseguir em alguma construção. Era a comunicação de algo claustrofóbico que Bia me fazia; entretanto, não conseguia sair desse pesadelo.

Tive a impressão de que era um teatro a que eu precisava assistir e não podia interromper até acabar.

Passou a dar risada, a falar do cocô, do xixi, do banheiro, da cobra, continuava a bater nas paredes que foi me parecendo uma maneira menos intensa da vivência angustiante ao longo da sessão.

Resolvi fazer um teste: dei um soco na mesa e disse gritando:

– Vamos já ajudar a Bia!

Ela parou na hora e olhou para mim. Deve ter levado um susto com a interferência surpresa que eu causei. No entanto, nada além disso, pois a cantilena reativou-se imediatamente, o que me levou a aguardar para ver qual seria o desfecho.

Faltando cinco minutos para terminar a sessão, Bia se senta numa cadeira na minha frente, suada e esgotada, tira a camiseta molhada e começa a bocejar. Digo a ela:

– Bia, você está muito cansada, me mostrou muitas coisas de que eu vou me lembrar. Vai ser bom você dormir um pouquinho e descansar.

Nessa sessão Bia apresenta de forma terrorífica a vivência de estar dentro da barriga da mãe e a necessidade de sair de lá de forma fantástica e psicótica. Ela diz que precisa sair porque viu algo do masculino (a cobra), ela é quem achou a saída secreta (a vagina, valorização de algo feminino), ela foi quem nasceu primeiro.

Apesar de parecer que não me escutava, deve ter ouvido algo do que eu falara, pois o desespero foi declinando. Num certo momento começou a dar risada, mas ainda gritava, transmitindo nesse momento uma impressão teatral. Mesmo que não tenha me escutado, acredito que o fato de ter podido compartilhar esse "pesadelo" comigo lhe fez bem, pelo jeito como saiu da sessão.

Penso que Bia me apresentou uma "linguagem de retorno" de sua experiência traumática em relação à sua separação/não separação com a mãe. Se desde pequena não ficava sozinha, longe da mãe, muito menos quando o irmão nasceu, levando a uma reativação de uma volta à barriga da mãe (a vivência alucinatória de hoje poderia ter sido uma protocomunicação de uma menina de dois anos). Parece que esse tempo de estar dentro da mãe era no tempo "presente": seu lugar era contíguo do início ao fim da sessão daquele dia.

A sessão da véspera só aí ficou esclarecida. Bia já me anunciara o que ia fazer: ia para dentro da mãe: não ouve, não vê, é tudo preto, não faz xixi, nem cocô. A proteção é total, só que não é uma boa solução ficar lá dentro, é antirrealidade. Por isso mesmo, segundo relato da mãe, ela tinha começado a se agitar no dia anterior e chegara à sessão de hoje dessa forma claustrofóbica e desesperada.

Pelo tipo de acompanhamento mental que fiz, enquanto Bia delirava, permiti que ela revivesse seu trauma: o sofrimento diante do nascimento do irmão, numa linguagem de ação, de afeto, sob a forma de delírio. Não são mais as defesas delirantes, é o trauma posto em cena.

Bia também me conta como é difícil entrar em contato, ficar ligada a mim, veja o que pode acontecer! Se ela se liga muito a mim, ela ficará "louca" de dor?

Essa sessão representa o marco em meu trabalho de buscar suporte clínico teórico. Apesar de já se encontrarem incluídos alguns termos conceituais que serão apresentados ao longo do trabalho de pesquisa, minha busca clínica por ajuda foi iminente.

À busca de algumas noções teóricas para subsidiar o trabalho com Bia

A maneira de Bia ir se mostrando durante o tratamento instigava-me a buscar respostas diferentes das que eu conhecia até então.

A última sessão relatada (pág. 53 e seguintes) produziu em mim intensa contração de músculos, inicialmente, enquanto fiquei na expectativa de como entrar em seu delírio, e surpresa com o tipo de material inusitado que se apresentava. Não fui tomada de nenhuma emoção clara; o que se manifestava em mim era um estado de apreensão, de inquietude, como não podendo nem imaginar onde tudo isso ia dar! Depois de duas tentativas que fiz para entrar em contato com o delírio, sem sucesso algum, deixo-me ser levada pela apresentação de Bia. Desse momento em diante, percebo-me atenta, acompanhando, passo a passo, o desespero de Bia. Os movimentos corporais da menina, através de sua linguagem de ação, eram demasiadamente rápidos em sua luta para sair da caverna claustrofóbica. Em mim, apenas havia um sentimento de querer dar forma, de não deixar "cair" aquilo tudo.

É relevante o fato de não serem emoções que estão circulando no campo transfero-contratransferencial. Estamos num tempo anterior: há um chamado para meu corpo responder com sua linguagem e ao de Bia também.

Essa sessão me remete também para a questão a ser pesquisada: qual o tipo de comunicação a ser usada em uma situação como esta?

Eram sessões exemplares para serem empregadas interpretações neokleinianas, sobretudo usadas por Meltzer, levando em conta objetos parciais como a "barriga da mãe", a "cobra-pênis", a "passagem-secreta-vagina". Eu quisera dar algum sentido através da psicanálise no lugar onde a regressão tivera lugar. Talvez esse procedimento de calar-me e deixá-la mostrar-me o tema de sua angústia fosse já uma demonstração de confiança por parte de Bia em relação a mim.

Fazendo um retrocesso em meus conhecimentos psicanalíticos, custava-me acreditar que a agressividade de Bia fosse um excesso de impulso de morte, no sentido de que tivesse que ser interpretada como destrutiva. O dano seria maior: o efeito seria eu tornar-me totalmente acusatória com ela. Sua verbalização era pobre, ficando obscurecida por outras expressões, como as motoras ou as corporais.

Num grande número de sessões, Bia caminhava pela sala, atirava materiais ao chão (expressão motora), fazendo-se acompanhar ou por voz monocórdia ou por voz extremamente alta (expressão corporal).

Eu estivera durante muitos anos trabalhando com crianças, pautada na teoria kleiniana, que servia como teorização das épocas primeiras do desenvolvimento, fornecendo um modelo apropriado para esses pacientes com patologia emocional severa. Entretanto, já há algum tempo, a clínica impelia-me para a entrada dos pais dentro do tratamento, e a importância do objeto externo se colocava como necessária. Quanto mais se desenhar um quadro de patologia severa de uma criança, mais será recomendada a presença de mãe/pai para um trabalho analítico vincular prévio. Muitas dessas patologias são frutos de fusões/confusões de estados muito precoces entre bebê/mãe, levando à formação do que passou a ser chamado "um corpo para dois" (MCDOUGALL, 1994), "uma psique para dois" (ROUSSILLON, 2007), "uma pele para dois" (ANZIEU, 1988), que impõem o desfazimento dessa unicidade devolvendo o que é de quem a seus donos.

Ferenczi foi o autor que trouxe fartas contribuições ao meu trabalho clínico com sua inventividade, sua apreensão sensível dos efeitos do trauma e das emoções vividas pelas partes clivadas do eu. No caso de Bia, não era apenas sua agressividade a responsável pelo seu mal. Seu ambiente era turbulento: pais imaturos, sem continência. Era uma amostra inegável da importância do trabalho com os pais, de sua participação no tratamento. Quanto mais eu conhecia a mãe de Bia, mais percebia a presença de seu superego primitivo arcaico na menina.

Como dizia Ferenczi (1992): os adultos mentem, os adultos sobrecarregam com excitação o psiquismo de uma criança, sem sabê-lo. Para mim, os pais começam a ganhar uma participação emocional na relação com a criança cuja emoção era, até então, apenas considerada uma projeção da própria criança. Depois de ter conhecido a agressividade do "bebê kleiniano", entrei em contato com outro tipo de bebê agressivo, desta vez porque desamparado pelos pais, nos moldes de Ferenczi.

A abordagem de Ferenczi trouxe-me condições diferentes de trabalho, enquanto analista, provocando modificações em minha clínica. O caso Laura, o segundo caso reconstruído no final deste meu texto, conta com a colaboração de Ferenczi, trabalhando a quatro mãos com Klein e, por que não, a seis mãos comigo, entrelaçando os fios das meadas clínico-teóricas para alcançar esse caso de difícil acesso.

O ponto que me norteia é da ordem da comunicação: como pode o analista colocar, em palavras que façam sentido para a criança, emoções primitivas, sobretudo aquelas expressas corporalmente?

Figueiredo comenta que, depois das contribuições kleinianas, a psicanálise considerou-se dotada de um conhecimento profundo das experiências primeiras pré-verbais do ser humano, que iriam ser retomadas na transferência durante a sessão para as quais "[...] o analista deveria dar voz imediatamente a estas experiências e ir ao encontro das angústias arcaicas aí contidas, antes mesmo de elas aflorarem com nitidez" (FIGUEIREDO, 2008, p. 31). procurando justificar assim a precocidade de "interpretações profundas".

Se a clínica kleiniana fez com que a agressividade se tornasse crua ao ser usada em interpretações, logo Ferenczi, em sua última fase, apresenta compreensões empáticas diante de seus pacientes "agressivos-agonísticos" que resistiam reviver à ameaça do maltrato do trauma em sessão.

De Ferenczi para Winnicott, foi uma continuação, até mesmo uma "continuidade em meu ser", um suporte teórico importante do momento em que pude usar um ambiente-sujeito em interação, processo esse repetido na análise entre paciente-analista. Abre-se, então, um leque de abordagens para a compreensão da agressividade, um conhecimento inovador dos primeiros períodos do desenvolvimento infantil, e o tipo de comunicação silenciosa, especial e direta, que é feita na base "da anatomia e fisiologia de corpos vivos" e que inclui "as evidências cruas" da vida, como os movimentos da respiração, os batimentos cardíacos, o suor e o calor de pele. Essa era a descrição que se encontrava em ressonância com o que eu vinha experimentando em meu trabalho analítico com Bia, já vivido oito anos antes com Laura.

Acredito que, quando Winnicott, enveredando pela comunicação silenciosa, lançou-me dentro desse campo, encontrei-me com o que necessitava para meu trabalho com Bia.

Diz ele:

> É possível que esteja levando vocês para um lugar onde a verbalização perde todo e qualquer significado. Que ligação pode, então, haver entre tudo isso e a psicanálise que se fundamentou no processo de interpretações verbais de idéias e pensamento verbalizados [...].
>
> Eu diria que a psicanálise teve que partir de uma base de verbalização, e que tal método é adequado para tratar de um paciente que não seja esquizóide ou psicótico, isto é, um indivíduo sobre cujas experiências iniciais não tenhamos qualquer dúvida. Em geral damos a tais pacientes o nome de psiconeuróticos, para deixar claro que eles não fazem análise

> numa tentativa de corrigir suas experiências mais primitivas, nem para buscar suas primeiras experiências, das quais não conseguem lembrar [...] (WINNICOTT, 1988, p. 81).

Podemos, portanto, deduzir que o analista, acompanhando aqueles pacientes prejudicados nas fases iniciais de suas vidas, entrará num território do que é "irrememorável", mas, também, "inesquecível", pois, embora não possam ser recordadas, as experiências vividas deixam suas marcas ou memórias nas sensações e manifestações corporais, como expressão de uma psique-soma primitiva e incipiente.

A propósito Winnicott adverte:

> [...] o analista que atende as necessidades de um paciente ao reviver esses estágios precoces na transferência, sofre mudanças similares à que ocorrem na mãe ao cuidar de seu bebê; mas o analista, à diferença da mãe, precisa estar atento à sensibilidade que se desenvolve nele como resposta à imaturidade e dependência do paciente (WINNICOTT, 1990, p. 52).

Dessa maneira, à semelhança da absorção da mãe em seu bebê, podemos nos referir às identificações afeto-motoras do analista com seu paciente. Dizem respeito às sensações experimentadas pelo analista em determinadas sessões: bem-estar e relaxamento, tensão muscular, sudorese, alterações do ritmo cardíaco e respiratório, inquietação física, sonolência e outras mais que cada um pode reconhecer em sua prática clínica. Essas alterações corporais surgem em decorrência de uma recepção cenestésica, uma sensibilidade profunda, de músculos e vísceras, que são respostas neurovegetativas às vivências do paciente, uma comunicação, como nos diz Winnicott, em termos da anatomia e fisiologia de corpos vivos. Tal como a mãe com seu bebê pequeno, o analista pode aqui vivenciar um sentimento de perda de identidade, pois se trata de uma situação de regressão, embora transitória, em que desaparecem as fronteiras que separam o eu do não eu. Essa breve experiência de fusão, embora sempre transformadora do *self*, deve, entretanto, ser seguida de um restabelecimento de limites, pois o que caracteriza a comunicação particular entre a mãe e o bebê, entre analista e paciente, é a desigualdade de experiência e a maturidade dos participantes. As sensações corporais descritas representaram para mim (analista) os sinais em uma trilha desconhecida, abrindo um caminho, ligando sensações a afetos, para iniciar a compreensão de minha paciente.

Winnicott é um dos autores mentores deste trabalho. Com ele, segui um longo caminho do trabalho com Bia, que começou a ganhar contorno e produzir bons resultados.

Meu trabalho como psicanalista permaneceu, durante longo tempo, mais vinculado à clínica do que à teoria. Enquanto fui balizada por minhas primeiras referências, Klein, Ferenczi e Winnicott, o trabalho clínico se desenvolvia bastante bem, embora eu sempre conservasse um sabor evanescente nos resultados obtidos com os pacientes. Pouco a pouco, não conseguia mais fazer uso daqueles mesmos procedimentos antes utilizados: eles se perdiam. Sabia que tinham funcionado, mas, como eu tinha trabalhado na singularidade de cada caso – o que não pode ser diferente –, tinha acumulado "singularidades de casos", porém soltos. Sentia necessidade de compreender seu alcance e eficácia através de algo mais ordenado, com embasamento teórico, valendo-me de uma metodologia. Nesse sentido, Bia foi o caso limite dessa minha tolerância. Não só poderia ser enquadrada nos chamados casos limites, como funcionou como meu próprio limite diante do caso.

Encontrei em Roussillon a difícil combinação que buscava: uma clínica sensível, enraizada numa profunda leitura teórica de Freud. A clínica de Roussillon, também eivada de conhecimentos winnicottianos, traduz perspicácia refinada e ao mesmo tempo grande conhecimento da metapsicologia freudiana. Travei conhecimento com sua obra, bem como com sua pessoa, com a qual tive oportunidade de, por duas vezes, em São Paulo (2009 e 2010), trocar ideias sobre a metapsicologia freudiana, segundo seu ponto de vista, além de trocarmos ideias sobre a clínica. Também fui conduzida por ele à leitura de textos de outros autores, entre eles um de Anzieu em particular, com o qual elaboro um item completo sobre os elementos precoces da sonoridade (1976, p.161-179).

O ponto de maior importância do trabalho de Roussillon, além dos dois já mencionados acima, foi a grande afinidade clínica que encontrei nesse autor com meu trabalho, levando-me a tentar compreender uma articulação teórica que ele faz de conceitos freudianos com sua clínica.

Roussillon desenvolve a noção preciosa de simbolização primária, processo de construção das representações-coisa, resultado das ligações das primeiras inscrições no psiquismo em desenvolvimento.

A noção de simbolismo primário serviu-me de guia para adentrar um desenvolvimento conceitual bastante denso, uma leitura de Freud profunda, com contribuições próprias de Roussillon, cuja articulação teórica quanto mais conhecida mais se oferecia como forma de compreender meus dois casos clínicos, calçando-me com o conhecimento da clínica de hoje.

Novos dados puderam ser acrescentados para a compreensão do que eu vinha sentindo em meu corpo, as alterações de vozes de Bia, e a minha própria voz, durante a sessão, no campo transfero-contratransferencial. No item "Comunicação de experiências primitivas", nas páginas 105 e seguintes, trato em específico desse tema.

Roussillon (1999) aprofunda questões clínicas e teóricas já aportadas por Winnicott, embora tratadas agora num solo freudiano. Acrescenta formulações próprias de tópicos da psicanálise, sendo o de "simbolização primária" o que mais me interessou, por ver nele o trabalho que eu entendo ter feito com minha paciente Bia.

Clínica atual – um entremeado de clínicas

Neste tópico apresento uma reflexão possível a respeito do funcionamento da clínica psicanalítica na atualidade. A finalidade é poder contextualizar a minha prática clínica à luz de novas contribuições teóricas que inspiraram meu trabalho com pacientes.

Ao longo do tempo, a psicanálise vem se modificando, trazendo avanços em sua técnica, em sua teoria, em sua aplicação.

O paciente que hoje chega à nossa clínica de psicanálise não apresenta os mesmos sintomas que as histéricas que recorreram a Freud no final do século XIX. Nem tampouco se constituem nos casos de neurose, tratados no divã, tendo o analista em sua "escuta", atento em "traduzir" o inconsciente em consciente, de pacientes com rica verbalização, simbolização, conflitos representados verbalmente e assim comunicados. Para esclarecer ainda mais, pode-se acrescentar uma classificação de Balint, de 1949, *Changing therapeutic aims and techniques in psychoanalysis*, na qual via dois eixos distintos no trabalho terapêutico da psicanálise: a da *one body psychology*, que enfatizava o intrapsíquico, e a outra da *two-bodies or multiple bodies psychology*, que enfatizava a dimensão intersubjetiva. Voltarei a essa questão logo adiante.

Os processos de avanços que atravessaram, desde seus albores, a construção da psicanálise, sempre se caracterizaram pelas informações da clínica e pela atitude de Freud procurar teorizá-las tendo em vista a construção do edifício teórico da psicanálise. Nesse terreno, procurou usar a metodologia e os princípios em voga na comunidade médica, e oferece no "Projeto" o que seria uma "psicologia para neurologistas". Por outro lado, sentiu, em sua própria experiência com as primeiras pacientes, as famosas "histéricas", a interferência do fator emocional no tratamento do paciente. A experiência com Anna O. que tanto apavorou Breuer e o retirou do incipiente cenário psicanalítico estimula Freud em suas primeiras conquistas teórico-técnicas. Assim, Freud consegue instrumentalizar suas emoções a serviço da compreensão do caso clínico. Entretanto, essa experiência vivida não lhe permitiu, naquele momento, incluí-la como ferramenta de trabalho, que só pôde ser aproveitada, mais tarde, com os avanços clínicos da psicanálise (FREUD, 1895).

Ora predominando um enfoque que valorizava a subjetividade, ora pretendendo estabelecer uma doutrina que acreditava poder ser "objetiva", Freud, anos mais tarde, descreve qual deveria ser a atitude do analista diante do paciente, valendo-se das conhecidas comparações com a atitude do cirurgião e o modelo do analista como "tela em branco".

Como o cirurgião que procura uma assepsia para não contaminar o campo, Freud pensou que os sentimentos emergentes do analista e seus preconceitos dificultariam uma visão objetiva dos problemas do paciente. Propôs também, como um ideal, o modelo da "tela em branco", no qual as situações e conflitos do paciente eram pintados, sem se somarem às configurações emocionais pessoais do analista.

O modelo do cirurgião encontra uma imagem mais viva quando Freud fala na transferência erótica, dizendo ser esta uma situação tão perigosa quanto a do químico ao manusear as substâncias explosivas em seu trabalho (FREUD, 1919).

A vida emocional do paciente e sua subjetividade eram consideradas, na situação analítica, como o plano exclusivo de exame, no qual se concentrava a ênfase no trabalho intrapsíquico por meio da metapsicologia freudiana, com a análise do "mundo interno" dos pacientes. E, apesar de a "transferência" já ter se manifestado em sessão, não tinha ainda recebido a atenção que mais tarde faria dela a ferramenta de primeira grandeza da técnica psicanalítica (FREUD, 1905).

Ao longo do tempo, a teoria da psicanálise foi caminhando para uma grande sofisticação de cunho teórico, que não condizia com as respostas terapêuticas bem pouco consistentes, da época. Os impasses impõem reformulações, revisões...

Paulatinamente, foi também sendo reconhecida a importância da vida emocional do analista na clínica; o estudo da contratransferência surgiu para dar conta dessa revelação. Na história da psicanálise, o foco das atenções deixou de ser dirigido unicamente de um observador para um observado – o paciente –, e passou a abranger o analista, seu funcionamento mental e suas emoções. Aliás, esse tipo de trabalho não era nada novo: Ferenczi já tinha sido em 1909 o fiel depositário do objeto externo em seu artigo "Transferência e Introjeção", e toda uma linhagem de analistas havia seguido seus passos. Entretanto, o objeto externo nunca tinha sido visto com bons olhos pela oficialidade reinante da psicanálise, o que não é difícil compreender, já que a realidade psíquica dizia respeito ao interno – e este era visto como o verdadeiro território da psicanálise. Entrava, portanto, na "doutrinação" de um futuro adepto trabalhar uma análise do intrapsíquico, numa análise do mundo interno.

O estudo da dupla analítica surgiu mais tarde e constituiu o início da abordagem da questão da intersubjetividade. Assim como a transferência que existia, mas não era reconhecida no início da psicanálise clínica, a intersubjetividade é um conceito que só nas últimas décadas ganhou direito à discussão no mundo psicanalítico. Entende-se por intersubjetividade a interação entre duas subjetividades: a do analista e do analisando.

Faz-se necessário considerar alguns pontos teóricos que foram adquirindo *status*, respeito e colaboraram na formação do conceito de intersubjetividade: empatia, contratransferência e a questão do papel real do analista como agente, e não apenas como alvo de projeções ou objeto do mundo interno do paciente durante as sessões analíticas.

O que Balint já assinalara em 1949 – quanto aos dois eixos do trabalho terapêutico ou intrapsíquico ou intersubjetivo – de fato continuava a existir, merecendo o seguinte comentário de Figueiredo, ao aludir ao trabalho de André Green de 2002, *La pensée clinique*:

> [...] ou bem se negava o interesse da metapsicologia ou bem se construíam metapsicologias desfalcadas do conceito de pulsão e com uma visão simplificada e ingênua do mundo interno (FIGUEIREDO, 2009, p. 191).

Mas a questão de maior dano para a psicanálise era sempre uma posição ser colocada em detrimento da outra.

Se, nos tratamentos com pacientes neuróticos, é possível um tratamento visando o "mundo interno" do paciente, nos pacientes das "situações limite" (descritos um pouco mais adiante) serão necessários manejos relacionais e modificações do enquadre como encaminhamento da situação intersubjetiva. Entretanto, é no cruzamento dos dois paradigmas do intrapsíquico e da intersubjetividade que o trabalho analítico deve acontecer, embora o foco possa passar de um para outro, dependendo do momento da análise.

Considero importante situar-me no tipo de clínica em que atuo a partir do balizamento de pontos de meu trabalho no qual é possível retraçar meu percurso para adquirir sentido a questão do intrapsíquico e do intersubjetivo. Como já referido no item "À busca de algumas noções teóricas para subsidiar o trabalho com Bia", nas páginas 56 e seguintes, minha formação inicial foi kleiniana, dedicando-me ao atendimento de crianças, adolescentes e adultos. Tinha sido um ensinamento pautado em supervisões clínicas e a teoria kleiniana se autobastava, ou "parecia" ser suficiente para o conhecimento dos movimentos psíquicos, e, principalmente, o conhecimento do funcionamento mental primitivo. Nenhum analista kleiniano, naquela época, encontrava-se preocupado se a teoria kleiniana era uma teoria de relações objetais (tendência a intersubjetividade) ou pulsionais (tendência intrapsíquica).

Pessoalmente, sempre pensei em Klein (1952) como um paradigma das relações objetais, teoria com seu jogo interacional entre introjeção/projeção, sujeito/objeto, para ser sintética. O objeto existe desde o começo da vida para a constituição do psiquismo e, através da pulsão que vai à sua procura, cria-se o "animado" jogo inter-relacional na produção de objetos internos e objetos externos, orquestrados pelas pulsões de vida e morte na construção do mundo psíquico da criança. O conceito de fantasia inconsciente, "a expressão mental do instinto", adquire uma abrangência notável, já que consegue articular – no mesmo conceito – a pulsão, tendo um lado voltado para o soma e outro munido de representações voltado para o psíquico. A transferência vai estar presente na sessão analítica, expressando-se por meio de forças e relações do mundo interno do paciente, que não passam do resultado do contínuo desenvolvimento, produto da interação ativa entre defesas, ansiedades, experiências com a realidade externa, tanto do passado como do presente. A fantasia inconsciente foi alocada como uma infraestrutura que subjaz a todas as expressões do indivíduo. O mundo mental apresenta-se, portanto, sempre por meio de fantasias inconscientes que, ao mesmo tempo em que constroem, podem destruir o próprio psiquismo, e também desvendam o mundo externo. Qual não foi meu espanto ao verificar que a teoria kleiniana também era considerada por Baranger (1981), um grande conhecedor da obra kleiniana, uma teoria biologizante devido à força dada aos impulsos e ao lugar de emoções inatas como a inveja. Portanto, o lugar das pulsões era considerado como preponderante, e não as relações de objeto nessa parte final da obra de Klein (1957).

Ao trazer esse reduzido apanhado do funcionamento da teoria kleiniana, tenho também em mente situá-la e situar-me quanto aos eixos da técnica colocados por Balint em relação ao intrapsíquico e ao intersubjetivo. Balint assinala que a produção kleiniana, na época, era a que mais avançara na direção desejada de uma integração das duas dimensões. De fato, eu experimentei, sem ter nenhum conhecimento prévio, essa afirmação de Balint: a teoria kleiniana servia a dois amos, às pulsões e às relações de objeto (BALINT, 1949).

Fiquei surpresa quando, anos mais tarde, comecei a ouvir uma discussão a respeito do enquadramento dos autores: tal ou tal autor pertencia à corrente das relações de objeto ou à teoria das pulsões. Para mim, é como se fosse uma questão ultrapassada; não cabia a interlocução.

A teoria e clínica psicanalíticas vêm, ao longo do tempo, beneficiando-se de ricas contribuições que trazem inflexões a seu corpo de conhecimentos e dispositivos. A remodelação trabalhada em seus diferentes setores permite reconhecer hoje um paciente, o "paciente das patologias atuais", assim denominado por alguns analistas. A literatura psicanalítica já se ocupou bastante desse tema, estimulando reflexões sobre esse quadro que foi chamado de "patologias da atualidade", as quais representam uma grade abrangente de não neuróticos.

Esse é um ponto de vista interessante, sustentado por muitos psicanalistas a respeito das patologias atuais. Podemos pensar também na clínica atual como aquela com a qual trabalhamos diariamente: nossas ferramentas mais afiadas que outrora, a contribuição de outras cabeças pensantes criando novos caminhos teórico-clínicos e a abertura de longo alcance abraçando patologias que antes ficavam à sombra, impossibilitadas de receber a compreensão da psicanálise. Um de seus diferenciais é marcado pelo atuar, que ocupa um lugar destacado, caracterizado por uma operação na qual se dá uma espécie de curto-circuito entre o impulso e ação, deixando de fora o processo psíquico. Além dessa característica, percebem-se:

> [...] conjunturas transferenciais que levam a análise da organização transferencial a seu limite, que "aquecem ao extremo" as condições /precondições da prática psicanalítica, obrigando-as assim a se explicitarem mais completamente (ROUSSILLON, 2006, p. 273, tradução livre da autora).

Como foi dito, é com esses pacientes, incluídos também pela nosografia moderna dentro dos "estados narcísicos", "estados limite" ou, ainda, *borderline*, que tais situações transferenciais de limite se evidenciam em grande estilo; podem também se manifestar em tratamentos de neuróticos, chegando a ocupar aspecto central em determinados momentos do processo de análise, ou mesmo com psicóticos.

Roussillon (2004) desenvolveu ampla teorização clínica sobre o campo transfero-contratransferencial dessas "situações-limites", cujos pacientes são denominados por ele de narcísico-identitários. Como é nesse campo em que meu trabalho vai se desenrolar, procuro iluminá-lo com o olhar de outros autores que também apresentam parentesco de ideias e de interesses teórico-clínicos com os de Roussillon.

Nesses últimos quarenta anos, o interesse por essa classe de pacientes, *borderline*, psicóticos, psicossomáticos, tem tomado conta de um grande número de psicanalistas, frequentemente psicanalistas de adultos e, principalmente, de adultos psicóticos. É um trabalho que vai à busca de significantes ditos primordiais ou arcaicos, cujo estudo começou por Bion ([1962]1979; [1963]1979; [1965]1982) e Aulagnier (1979), e desenvolveu-se, em seguida, em trabalhos de toda uma série de autores.

Anzieu (1985; 1987) dizia, com o humor sutil que o caracterizava, que, devido ao fato de a reflexão sobre esse tempo hiperprecoce da ontogênese exigir intensamente do narcisismo dos autores, estes, quase todos, quiseram dar um tipo de denominação específica às protorrepresentações que eles tentavam descrever, mas que, às vezes, recobriam-se umas às outras. São elas:

- os elementos beta e os ideogramas de Bion ([1962]1979; [1963]1979; [1965]1982);
- os pictogramas de Aulagnier (1979);
- os significantes enigmáticos de Laplanche (1984; 1986; 1987; 1999; 2002);
- os significantes de demarcação de Rosolato (1985);
- os significantes formais do próprio Anzieu (1985; 1987);
- as representações semióticas de Kristeva (1985).

E a propósito dos trabalhos conduzidos por clínicos da infância:

- as formas ou os contornos autísticos de Tustin ([1977]1982; 1986;1989);
- as representações de transformação de Gibello (1984);
- as identificações intracorporais de Haag (1985; 1991; 1993; 2002).

Esses materiais originários guardam semelhanças ou aproximações com o que Roussillon chama de simbolização primária, em função pré ou protorrepresentativa.

Os ideogramas de Bion ([1962] 1979; [1963] 1979; [1965] 1982) e os pictogramas de Aulagnier (1979) podem provavelmente ser considerados como os ancestrais epistemológicos dos significantes ditos primordiais ou arcaicos. A tripartição de Aulagnier (1979) ("colocação em forma" pelos processos originários, "colocação em cena" pelos processos primários e "colocação em enunciado" pelos processos secundários) deve, aqui, ser colocada em perspectiva com o conceito de atividade tradutora do adulto em relação ao bebê.

De qualquer maneira, nessa perspectiva, os processos originários formam a base dos processos posteriores que deles derivam e, desde então, a questão não é "tê-los ou não" (tais processos psíquicos originários), mas, antes, "saber o que fazer com eles".

Explicando melhor, todo mundo tem processos originários ou arcaicos – o bebê, o adolescente –, mas esses processos podem funcionar ou como estruturantes ou como obstrutivos, dependendo do caso. Para serem estruturantes, eles devem se oferecer como objeto de traduções e retraduções sucessivas – no âmbito da relação com um adulto falante, ou pelo menos pensante – e devem igualmente ser envolvidos num processo de historização e de circularização própria ao campo da dinâmica do *a posteriori*.

Abordo de maneira breve os autores que me chamaram a atenção na procura de referenciais mais próximos de meu material clínico da ordem do sensorial e do corporal. Coloco na sequência os seguintes autores implicados neste tópico: Aulagnier, Bion e Botella. Cada um deles, por meio de suas criações teóricas, conversa com pontos assinalados por Roussillon.

Aulagnier (1979), a partir da "teoria do encontro" e da potencialidade que caracteriza o sujeito vivo, recoloca o modelo metapsicológico de Freud, antedatando ao processo primário um modo de funcionamento, isto é, outro processo de metabolização. Denomina-o processo originário, o qual dá conta da representação pictográfica (ou pictograma), registrando no psiquismo o encontro inaugural boca-seio, ao instaurar a fundação do psiquismo. Essa experiência coloca em ação uma ou mais ações do corpo, em decorrência de excitações sensoriais. Graças à exigência de representabilidade, sua atividade própria de representação inscreve na psique uma "imagem da coisa corporal". Vale lembrar, porém, que essa imagem ainda não é a "representação- coisa", obra do processo primário. A inscrição psíquica desse processo é sensorial, fonte de prazer ou de desprazer:

> O que especifica a representação pictográfica é a figuração de uma percepção pela qual se apresentam, no originário e para o originário, os afetos que ali se localizam de forma sucessiva, atividade inaugural da psique, para a qual, como sabemos, toda representação é sempre auto-referente e indizível, não podendo responder a nenhuma das leis a que deve obedecer ao dizível, por mais elementar que seja (AULAGNIER, 1979, p. 60).

A fonte de Aulagnier tendo sido o discurso do psicótico permitiu à autora perceber que, independentemente do conteúdo manifesto de seus enunciados, ela recebia esses discursos como uma "palavra-coisa-ação" (AULAGNIER, 1979), que, irrompendo em seu espaço psíquico, convocava-a a repensar um tipo de resposta que parecia anacrônica. Essa experiência levou-a a postular uma forma de atividade psíquica operando como "fundo representativo", que se mantém em paralelo aos outros dois tipos de produção psíquica, os processos primário e secundário.

Quanto ao originário, o encontro da boca (órgão sensorial, zona) com o seio (objeto complementar, externo e com o poder de estimulação), e o prazer ou desprazer daí proveniente, será o protótipo do elemento de informação libidinal passível a ser representado. Para a atividade pictográfica, no entanto, é impossível representar a boca separada do seio, uma vez que o processo originário não admite o signo de relação. Dessa forma, boca-seio será representada pictograficamente, como se fosse uma unidade cujas partes, por um lado, se unem e se fundem se houver prazer e, por outro, se rejeitam e se repelem se houver desprazer. A atividade do originário tem como função metabolizar apenas as vivências afetivas. O afeto, vivência própria ao originário, é representado por uma ação do corpo, mais precisamente pela ação de atração (investimento) e rejeição (desinvestimento) entre representante e representado. A atração e a rejeição são representações pictográficas dos dois sentimentos fundamentais que o discurso nomeia como amor e ódio. Do ponto de vista de Aulagnier (1979), o psiquismo do bebê não registra que o estímulo gerador da representação veio do mundo externo, e sim que foi engendrado por ele próprio. Ocorre que, desse empréstimo feito às funções do corpo, no originário, a única representação possível do mundo é aquela que pode dar-se como reflexo especular do espaço corporal. Essa metabolização operada pela atividade de representação persiste durante toda a vida, formando o que Aulagnier chama de "fundo representativo" (1979).

O próximo autor a ser considerado é Botella, melhor dizendo, o casal Sara e Cesar Botella (2001), que, a partir de sua clínica com crianças e adultos com patologia severa, foram atraídos pelo fato de, muitas vezes durante as sessões, lhes ocorrerem estados mentais particulares, como se fossem momentos fugidios do pensamento analítico. Sentiam-se tocados diante das imagens visuais ou auditivas que surgiam nesses momentos particulares do pensamento, com muita nitidez e vivacidade sensorial, conferindo a elas, por vezes, uma qualidade quase alucinatória. Perceberam que esses "acidentes de pensamento" (assim denominaram esses momentos) tinham relações com bases do psiquismo ligadas a estados irrepresentáveis do paciente. Da mesma forma que Roussillon, dirigem-se ao último artigo de Freud, "Construções em Psicanálise" (1937), no qual Freud constata que o retorno do passado se faz por *flashes* quase alucinatórios, num curto-circuito da via habitual de rememoração pela lembrança representada. Conduzem-nos a novas compreensões psicanalíticas, como a questão da figurabilidade e de um alargamento do psiquismo através do alcance do não representável, do além da representação:

> O trabalho da figurabilidade do analista, produto da regressão formal de seu pensamento na sessão, parece ser o melhor, talvez o único meio de acesso a esse mais além do traço mnêmico que é a memória sem lembranças (BOTELLA; BOTELLA, 2001, p. 17).

Para eles, a emergência dessas imagens permitiria um acesso a vivências infantis antes impossíveis de virem à consciência, por intermédio de uma modalidade de funcionamento mental que se faz presente, durante a sessão, no paciente e no analista. A via regrediente seria a forma como o analista acessaria essas imagens, uma espécie de alucinação ligada a canais perceptivos, que possibilitaria alcançar o não representável. Para os Botella, a regrediência seria um movimento (durante a sessão) no qual o analista se encontra num estado quase onírico, e no qual as imagens desse estado, as cenas "vistas" por ele seriam a figurabilidade daquilo que é irrepresentável para o paciente (BOTELLA; BOTELLA, 2001).

Em entrevista, Botella (2007) conta a primeira vez em que Sara usou da figurabilidade: era o atendimento de um menino psicótico, que sempre dava trabalho na hora da separação. Sara teve a ideia de figurar um lobo e imitá-lo. A criança ficou aterrorizada; por algumas vezes, a mesma situação se repetiu, até que o menino conseguiu sentir que ele era o lobo e colocar o nome lobo em palavras. Eis que se produziu a mudança: uma interiorização de toda a sua agressividade, de toda a sua destrutividade, de todos os seus medos. Podemos pensar que, a partir daquele momento, o seu ego não estava mais submerso pelos terrores psicóticos; teve, então, a liberdade de se servir de uma imagem sugerida pela analista, que funcionou como uma arma absoluta contra a psicose (BOTELLA, (2007).

Botella (2007) continua nos contando como clinicamente a figurabilidade pode ter lugar. Diz-nos que vai depender de haver um grande investimento no paciente com o qual pode haver algo em comum na estrutura, na história; algo com que o analista vibre emocionalmente.

O trabalho da figurabilidade do analista é criador de sentido futuro: através dele surgirá uma inteligibilidade para o analisando daquilo que estava sem representação. O casal Botella apoia a ideia que Freud (1937) desenvolveu com relação às intuições do analista relacionadas às percepções. Essa percepção para Freud tem força de convicção e ocupa o lugar mais clássico da construção-rememoração. Os autores referem que, sem esse trabalho de figurabilidade do analista, o analisando corre o risco de cair numa análise interminável, ou em reações terapêuticas negativas (BOTELLA, (2007).

Outros autores merecem ter seus nomes lembrados dentro dessa mesma linha de interesses, como Silvia Bleichmar em seu livro *Clínica Psicanalítica e neogênese*, Christopher Bollas (1992) e Thomas Ogden (1994). A obra destes dois últimos autores é atravessada por ideias que tiveram em Winnicott suas origens, embora tenha alcançado em cada um deles criações originais. Reservo um lugar especial a Bion e Ferro, entretanto, a leitura e o trabalho que nos demandaria tal empreitada junto aos conceitos desses autores levar-nos-iam a realizar outra tese.

Vale dizer que, do momento em que escolhi o estudo de Roussillon como referência sobre *borderline* e a consequente teorização que faz a respeito, considerei usar sua nomenclatura como forma de uniformização dos conhecimentos aqui apresentados. À guisa de exemplo, o paciente conhecido como *borderline* cuja base teórica leva em consideração organizações de personalidade situa o *borderline* na fronteira entre uma e outra organização psicológica. Enquanto na conceituação teórica da qual parte Roussillon, da formação do vir a ser um sujeito e os danos a esse processo, resulta o chamado paciente narcísico-identitário, ou de sofrimento narcísico-identitário, também conhecido por ele como pacientes de "situações-limites" (ROUSSILLON, 2006).

Roussillon começa contando-nos que, ao se debruçar sobre o *Dictionnaire de Philosophie* de Lalande, descobre que o termo "situações-limite" já tinha sido usado por K. Jaspers significando: "[...] situações que funcionam como reveladoras de experiências ou de questões que não são apreensíveis em sua plenitude existencial a não ser num certo modo de passagem ao limite" (ROUSSILLON, 2006, p. 273).

Ao mesmo tempo, elas recuperam certos modos de funcionamento mais típicos, dos quais fazem aparecer alguns aspectos mantidos em estado latente nas situações normais. Roussillon (2006) diz que esse era o sentido mais próximo ao que ele buscava para seus casos.

Concordo com Roussillon quando propõe o uso do termo "situação-limite" para caracterizar tais ocasiões quando o campo transfero-contratransferencial sai dos eixos habituais de trabalho da neurose de transferência, elemento *princeps* da neurose. Além do argumento que ele nos oferece – de livrarmos da conotação de coisa "em si" (noção de estrutura) atribuída pelas nosografias à noção de intrapsíquico, em detrimento da descrição do processo, que inclui a contratransferência, segundo ele. Ao usarmos o termo "situação-limite" fazemos um convite à desconstrução de qualquer estrutura inatingível da dinâmica transfero-contratransferencial colocada, agora, no centro do campo analisável, ou seja, uma visão clínica mais moderna (ROUSSILLON, 2006).

Prossegue Roussillon (2006), argumentando que a analisabilidade não pode ser vista como um "em si", noção com a qual concordo, pois, no momento em que são "dois inconscientes" se comunicando, o analista já participa com seu funcionamento mental no enquadre analítico, e o campo poderá ser relativizado através de muitas variáveis. O analista traz para a relação analítica todo seu ser – como ele é, suas teorias –, que, em contato com o paciente, poderá provocar uma produção mais ou menos afinada ou desafinada. Com outro paciente, o analista poderá compor outra configuração emocional e, se esse paciente hipotético estiver com outro analista, a configuração será ainda outra.

À medida que, no trabalho analítico, foi se tornando cada vez mais difícil seguir a visão clássica[1], em função de "situações-limite" que se impunham ao tratamento, foram feitas investigações que recuaram os limites da pesquisa para o *infans*. Tornou-se possível o reconhecimento de etapas nas quais o processo linguístico emergiu como um campo de novas descobertas, uma tentativa de tirar a técnica do impasse, levando-a a um recuo histórico para os confins de uma primeiríssima infância na qual a linguagem ainda não foi adquirida – tempos pré-objetais da não diferenciação sujeito/objeto (ROUSSILLON, 2006, p. 276).

Antes de abordar a noção de transferência e de contratransferência específicas nos casos de pacientes com sofrimento narcísico-identitário (pacientes de situações-limites), é interessante mostrar algumas características do sofrimento narcísico-identitário levantadas por Roussillon.

Esse termo, narcísico-identitário, foi cunhado por ele e eu não conseguiria reproduzir sua ideia tão bem quanto ele próprio. Diz Roussillon:

> Podemos dizer que todo conflito, toda dificuldade psíquica tem uma incidência sobre a regulação narcísica do sujeito. Quando eu falo de sofrimento narcísico-identitário, não se trata de incidentes sobre o narcisismo de conjunturas conflitivas, de dificuldades de administrar a relação com o

---

[1]. Visão clássica – termo empregado por alguns psicanalistas para caracterizar o trabalho da análise freudiana de psiconeuróticos, diferente da visão não clássica, cujo trabalho caracteriza todos os casos de não neuróticos.

outro. Trata-se de sofrimentos narcísicos que têm um impacto, que amputam, de uma maneira ou de outra, o sentimento identitário do sujeito. A amputação não se refere a certas capacidades de prazer, ela está na relação do sujeito consigo mesmo, diz respeito a seu "ser". Ela abre a problemática que é a da diferenciação eu/não eu, enquanto que as problemáticas tradicionais da psicanálise tratam da questão da diferença dos sexos e das gerações (ROUSSILLON, 2010, p. 122, tradução livre da autora).

De forma mais descritiva, Roussillon nos ensina que o tipo de sofrimento narcísico-identitário está ligado a transtornos da reflexividade (um de seus conceitos a ser tratado em detalhe na página 163, no tópico "Apropriação subjetiva", quando tratamos de "O reflexivo") , produto de relações mal estabelecidas do sujeito consigo mesmo. São sujeitos que não se sentem bem, que não se veem bem, não se entendem bem... Até aí, temos apenas indícios de um conflito que pode muito bem ser neurótico. No caso dos pacientes narcísico-identitários, a situação é mais profunda: eles não se sentem bem, se sentem mal, não se sentem bem com os outros, fazem por não ser bem sentidos pelos outros, não se veem, se veem mal, são mal vistos pelos outros e fazem por ser mal vistos pelos outros. Roussillon preconiza que, atrás dessa situação de incapacidade de se sentir ou de se sentir bem, encontra-se uma conjuntura traumática (ROUSSILLON, 2008a).

O cerne da questão de fato repousa na incidência do traumatismo primário com todas as sequelas daí decorrentes. Roussillon retoma a ideia de traumatismo primário, englobando tanto a noção de acometimento precoce no sujeito, quanto a ideia de ser o traumatismo aquele que põe em xeque os processos primários, impedindo o trabalho de transformação da experiência traumática (ROUSSILLON, 2008a).

Roussillon, ao usar a célebre frase de Freud, "*Wo es war, soll ich werden*" ("Onde estava o Id, ali advirá o ego"), (FREUD, 1932-1936, p. 102, *apud* ROUSSILLON, 2008a), faz dela sua frase emblemática para realizar suas construções teóricas. Para tanto, ao longo de seus escritos, vamos encontrá-la servindo a diferentes exemplificações teóricas. No caso ora mencionado, ele aproveita o aforismo para mostrar que o traumatismo primário afeta a passagem do "id" para o "eu", para a subjetividade. Portanto, fica muito claro que não é na passagem da subjetividade inconsciente para a subjetividade pré-consciente que os efeitos do traumatismo se dão, mas sim no nível da própria subjetivação (ROUSSILLON, 1997).

As experiências subjacentes ao sofrimento narcísico-identitário podem ser caracterizadas por certo número de traços específicos: são experiências de sofrimento que afetam a definição do si mesmo (*soi*) ou, melhor dizendo, a impossível definição do si mesmo. E, assim, Roussillon (1997) segue contando que são experiências paradoxais, nas quais o paradoxo em situação de impasse, por alguma característica da conjuntura histórica, não pode ser tolerado. Essas experiências não podem ser representadas de uma forma que seja potencialmente compatível como um conflito com o resto da experiência: são, portanto, sem saída, sem fim. Não apresentam nem saída representativa, nem simbólica, nem mesmo conseguem se valer de outro recurso, como no caso da fobia, que usa do perceptivo-motor para ganhar expressão. O sujeito fica colocado numa impossibilidade de tolerar a experiência, pois não consegue nem simbolizá-la, nem se preservar afastando-se dela. Como consequência, corta a parte de si mesmo em contato com a realidade daquela experiência. Fica, então, clivado de uma parte de si mesmo, essencial para sua identidade: há assim uma falta em si mesmo. Como não é apenas a dificuldade da representação pontual que está afetada, aquela ligada a uma experiência singular, mas todo o aparelho de simbolizar, também fica impossibilitado de produzir figurações vinculares.

Cada vez que a zona traumática é reativada, o sujeito vai tentar reagir por meio de afetos aferentes, como a inveja, a vergonha, e a raiva narcísica, isto devido à falta de representação ou representatividade – situação vivida como uma ferida. Segundo meu ponto de vista, torna-se um circuito em que "se a emenda não foi boa, tampouco o soneto", pois os três afetos – inveja, vergonha e raiva narcísica – são potencialmente destrutivos e desorganizadores do funcionamento mental.

Na verdade, esses elementos subjacentes à patologia narcísico-identitária, acima mencionados, dizem respeito, segundo Roussillon, ao "fundo" da questão que é, de certa forma, "comum" a todas as mais diversas formas sob as quais a patologia pode se apresentar clinicamente (ROUSSILLON, 1997). Entretanto, em sua manifestação clínica, a patologia do narcisismo não vai se valer desse "fundo", nem de suas consequências.

Clinicamente, a solução dada pelo psiquismo será de tentar afastar a ameaça permanente de sua parte não integrada através de uma série de defesas. Portanto, não é suficiente ter havido a clivagem da experiência traumática, o psiquismo terá que ficar em alerta contra a ameaça de retorno do clivado.

A clivagem não é uma solução definitiva, na medida em que o que foi excluído desse modo da subjetividade fica submetido à compulsão, à repetição e torna-se suscetível à alucinação, já que faz parte de uma extensão essencial da identidade. As formas do retorno do clivado não se apresentam metaforizadas: apenas se deixam levar à deriva por meio de associações cambaleantes. Seus efeitos serão colhidos, sobretudo, no campo do sensório-perceptivo-motor. Essa noção de retorno do clivado, prossegue Roussillon, traz valor heurístico para introduzir a questão de defesas "narcísicas" do psiquismo contra o retorno daquilo que foi subtraído radicalmente à simbolização primária e, assim, pensar seu futuro intrapsíquico e intersubjetivo (ROUSSILLON, 1997).

É chegado o momento de retornarmos à sala de análise para acompanhar de perto as configurações transferenciais características do sofrimento narcísico-identitário.

O primeiro dado a considerar é que elas vão se apresentar sempre de forma reativa, por seus efeitos indiretos sobre o funcionamento psíquico. O traumatismo primário já foi (não está mais presente no "eu") afastado pela defesa que fica em seu lugar. Algumas vezes, ele (o trauma) vem "duplicar" o funcionamento psíquico, a clivagem infiltra as formas do recalque, ao qual segue insidiosamente os caminhos: o sofrimento identitário usa a máscara do sofrimento neurótico que é seu hospedeiro.

Não podemos nos esquecer da particularidade desse processo que superpõe a transferência por deslocamento (modo neurótico, metaforizante, classicamente descrito) à transferência por reversão[2], mais especificamente, retorno do clivado. A dificuldade de seu trabalho clínico, haja vista a reação terapêutica negativa, advém desses dois processos diferentes que se superpõem enquanto um serve de máscara para o outro. Tanto a resistência à mudança quanto a viscosidade das ligações levam-nos a desconfiar que o recalque esteja sendo usado para a manutenção de uma clivagem ou de um retorno dela.

A transferência acima mencionada adquire a forma descrita por Anzieu (1975) como transferência paradoxal. O processo se constrói em "duplo vínculo" pelos dois movimentos antagonistas, incompatíveis entre si e ativos ao mesmo tempo. A transferência por reversão duplica a transferência por deslocamento. Ora, na transferência por reversão, o analista vai ser colocado no lugar do próprio sujeito. O analisando vai fazer o analista vivenciar o que ele não conseguiu "viver e simbolizar" de sua própria experiência; ele o faz sentir aquilo que ele não pôde sentir de si

---

2. No original *transfert par retournement*, significando que aquilo que o sujeito viveu passivamente, retorna e, ativamente, faz com que o analista o viva.

mesmo, enfim o que ele nunca pôde integrar de si mesmo. O sentimento de impasse, de situação sem saída que esteve na origem da clivagem histórica do sujeito, agora cabe ao analista, que deve experimentá-lo e conseguir suportá-lo. Portanto, é na vivência contratransferencial que os afetos clivados e repudiados pelo analisando retornam agora na pessoa do analista. À transferência paradoxal corresponde, então, uma contratransferência paradoxal.

A contratransferência paradoxal vai tocar na questão da impressão de impasse ou de limite do processo analítico. Para tanto, requer um trabalho de elaboração profunda contratransferencial, da qual vai depender o futuro do trabalho psicanalítico em curso. A primeira dimensão dessa elaboração corresponde ao que da história própria do analista está se repetindo na situação. É um pedaço da história infantil do analista, que, reativada pela forma de retorno da transferência, coloca-o na posição de uma criança desamparada, desesperada pela situação, confrontada aos limites de sua simbolização pessoal diante da impotência que caracteriza a perda das coordenadas da situação analítica clássica.

É, no meu modo de compreender, quando o analista deveria "sobreviver psicanaliticamente!". Winnicott (1975) não poderia ter sido mais feliz ao enunciar essas palavras, diante da ameaça da vivência agonística que se apodera da situação. É quando será convocado o papel criativo do analista em sessão, no sentido de fazer um trabalho consigo mesmo e poder saber quando, como e onde ajudar seu paciente. Quanto a este tema, reservo-o para ser comentado logo adiante, quando for falar a respeito da posição do analista, no tópico "Intersubjetividade".

Roussillon (2006, p. 278) nos explica: "os problemas colocados ao trabalho psicanalítico pela desregulação profunda do par associação livre/atenção igualmente flutuantes são múltiplos". Os pacientes narcísico-identitários, além de não se entenderem e não se escutarem a si mesmos, também não se veem, e também não se sentem (efeitos das desqualificações internas de si para si); o analista acha-se diante de material não verbal ou afetivo que ele percebe, mas permanece clivado das cadeias associativas do analisando. O analista é levado a viver tais linguagens não verbais, experiências que não foram "apropriadas" pelo paciente em sua subjetividade e que, por isso mesmo, surgem como transferência por reversão, recaindo sobre ele para reconhecê-las e saber encaminhá-las a seus verdadeiros proprietários.

Intersubjetividade

Dou início ao tema da intersubjetividade procurando colocá-lo como a espinha dorsal deste trabalho. Implicitamente já se fez presente como uma sombra de sua presença, do momento que comecei a tratar da clínica atual.

Parece-me que nos dias de hoje é incontestável que o sujeito humano possa se construir sem a mediação do outro, mais precisamente de um outro sujeito. Logo, parece-me impossível contestar a importância do fato intersubjetivo. Surgem algumas desavenças quando se trata de nomear essa realidade e inscrevê-la em um campo conceitual, isto é, num modelo. Voltarei a essa questão logo adiante.

Escolhi percorrer o tema da intersubjetividade pelo caminho desenvolvido por Roussillon em relação ao intersubjetivo. Dentro de sua abordagem do intersubjetivo, irá se abrindo um leque de temas teórico-clínicos que ganham aí todo o seu sentido.

Antes, porém, Roussillon (2008a) diz lamentar que o conceito de intersubjetividade já tenha passado por tantas correntes de pensamento com diferentes aproximações teóricas. Para se referir a algumas, prossegue ele: Lagache (1961) usava a noção com uma visão "personalista" e evocava uma "interpersonalogia", na linha da *two-body psychology*, a qual não se pode considerar hoje como uma verdadeira teoria da intersubjetividade, pelo menos segundo os autores da atualidade.

Renik e os teóricos da intersubjetividade da costa leste dos Estados Unidos, que fizeram do conceito seu emblema, desenvolvem uma concepção interpessoal da intersubjetividade bem diferente daquela de um autor como Stern, uma referência para a intersubjetividade, mas, que, entretanto, exclui a noção de inconsciente freudiano. Trevarthen, apesar de não ser psicanalista, usa o termo intersubjetividade aderindo à existência de uma vida pulsional. Outros autores acreditam que, ao usar a noção de "sujeito", não estariam sendo satisfeitos os cânones psicanalíticos: retomam, então, a ideia de psiquismo e propõem o termo interpsíquico em dialética com intrapsíquico. Green (2002), que é um dos psicanalistas que atribuem a maior importância ao "fato" intersubjetivo, prefere contornar o termo "intersubjetividade" e propor a metapsicologia do "sistema pulsão-objeto", como ele a denomina.

Roussillon adverte que é uma questão delicada, que ultrapassa a palavra e a fidelidade a Freud. Sua preocupação reside no fato de se tratar de uma questão de inflexão paradigmática que se encontra em jogo (ROUSSILLON, 2004).

Intersubjetividade vista pelo processo de subjetivação de Roussillon

Roussillon coloca, então, como ele concebe a intersubjetividade, adscrevendo-a a um contexto amplo que incluem também conceitos próprios desenvolvidos por ele. Eu o cito:

> No que me diz respeito parece-me que o conceito de "sujeito", tomado em particular no sentido do processo de subjetivação, isto é, do processo

que eu proponho chamar de "apropriação subjetiva" (esboçado a partir da célebre fórmula de Freud de 1932 "*Wo es war soll ich werden*") ganhou seu lugar na terminologia psicanalítica, e pode ser usado sem correr o risco de ficar atrelado à metafísica. O conceito de intersubjetividade me parece então poder ser utilizado desde que ele se refira a uma concepção psicanalítica do sujeito, isto é, uma concepção que integre a existência inconsciente da subjetividade que é atravessada pela questão da pulsão e do sexual. É onde as concepções ambientalistas da subjetividade parecem em dificuldade, pois elas tentam fazer desaparecer ou não sabem como situar os processos inconscientes e a dimensão "sexual" que os habita. O conceito de pulsão fica ameaçado de ser abandonado e, com ele, toda a questão do sexual (ROUSSILLON, 2008b, p. 1, tradução livre da autora).

Roussillon argumenta que, ao usar o termo intersubjetivo, este o ajuda a pensar na questão do encontro de um sujeito, animado por pulsões com uma vida psíquica inconsciente, com um objeto, que é também um outro sujeito e é, também, animado por uma vida pulsional, da qual uma parte é inconsciente. Essa definição, segundo ele, é essencial para sublinhar o lugar do objeto e a resposta do objeto aos movimentos pulsionais do sujeito, para o futuro psíquico dos dois. A questão do objeto abre a questão para o fato que o objeto é um outro sujeito e que ele está presente como tal (ROUSSILLON, 2008b, p. 2).

Do meu ponto de vista, não consigo pensar – aliás, nunca pensei –, na pulsão e seu destino psíquico sem levar em conta a maneira como ela é acolhida ou recusada pelo objeto ao qual ela se dirige. Como sempre me fiz valer da noção de fantasia inconsciente de Klein, na qual a noção de pulsão já se encontrava embutida no conceito de fantasia inconsciente permeando a relação de objetos, torna-se impensável não haver um objeto para qualificar o que a pulsão conduzia. É bem verdade, pelo menos na minha experiência, que, como a fantasia inconsciente fornece um contexto para a relação de objeto, a ênfase fica sendo maior nos objetos, mais do que na relação que os medeia. Explicando-me melhor, as emoções estão presentes em um e em outro objeto da relação, recaindo a ênfase emocional em todo o conjunto da relação entre os dois objetos, a partir do objeto com a fantasia inconsciente que o caracteriza. Se for o caso, de um objeto superegoico arcaico, já sabemos que é da ordem do feroz, do violento que se faz presente como a característica do objeto. Se, na composição kleiniana da fantasia inconsciente, os objetos são apresentados com tintas emocionais tão marcantes, não será muito complicado desvendar qual a caracterização do elo de união entre eles. Para saber o tipo de emoção (seria a expressão mental da pulsão) que está em curso de um sujeito para um ou outro objeto, basta recorrer ao vasto elenco de emoções, ansiedades, que pertencem ou à posição esquizoparanoide ou à posição depressiva.

Pulsão mensageira

Roussillon adiciona uma característica nova à pulsão, além, de sua função de descarga; fala de uma função de "mensagem" subjetiva que leva e transmite. Diz ele:

> Além do comportamento ligado à sexualidade nos trabalhos de Freud do final do século XIX, parece-me que toda a vida pulsional consciente e inconsciente não pode estar totalmente inteligível se não aceitarmos reconhecer o lugar das pulsões na totalidade da comunicação humana e das trocas intersubjetivas que elas implicam, sejam conscientes ou inconscientes, recalcadas ou envolvidas com formas de negatividade mais radical como a clivagem, a denegação ou a foraclusão (ROUSSILLON, 2008b, p. 7, tradução livre da autora).

Lanço mão do conhecimento trazido já em 1905 por Freud (1905): que só podíamos conhecer a pulsão pela maneira de ela se manifestar, através de sua força de representação. Representante psíquico da pulsão, representante-afeto, representante de palavra e representante-coisa conferem às formas de manifestações pulsionais o valor de mensagens, "apresentadas" e "representadas". Esse aspecto da vida pulsional é geralmente bem conhecido em sua vertente intrapsíquica, sendo o trabalho que o sujeito faz em sua relação consigo mesmo, e a pergunta seria por que não se poderia fazer valer do mesmo movimento pulsional desta vez do sujeito para o objeto, na vertente intersubjetiva, no encontro e endereçamento ao objeto, outro-sujeito?

A minha colocação encontra uma resposta na proposta de Roussillon (2008b), sobre a pulsão mensageira e suas três formas de representação conhecidas classicamente e mencionadas por ele: são potencialmente três formas de mensagens dirigidas ao objeto, outro-sujeito. As representações de palavra, as representações-coisa e as representações de afeto devem ser consideradas como linguagem, organizadas em linguagem. Essas linguagens não verbais utilizam todo o corpo como vetor principal de suas "mensagens", quer se tratando do corpo da emoção e do afeto, da expressividade corporal, da motricidade, da passagem ao ato ou do sensório-motricidade, quer seja do soma. Quando chega o momento de se fazer presente no desenvolvimento, a linguagem verbal não vem substituir as modalidades pré-verbais, as formas corporais que acabamos de evocar; ela (a linguagem verbal) vem tão somente completá-las e reorganizá-las, sem a possibilidade de fazê-las desaparecer.

Assim, pois, Roussillon propõe considerar as mensagens humanas de acordo com as três modalidades referidas: aquela que utiliza a linguagem verbal, incontestavelmente a mais bem explorada e conhecida; aquela que utiliza do afeto e suas formas organizadas em linguagem; e aquela que, por meio de representações-coisa e ação, exprime-se em "ato" sensório-motor, mímicas, gestos e posturas, através do corpo "somático". Essa concepção introduz a pertinência da questão clínica da harmonização e da articulação dessas três formas de expressividade do sujeito e da pulsão que o anima. Abre-se, então, a partir desse conhecimento, a questão clínica baseada na falta de harmonização ou na falta de articulação dessas três formas de comunicação ou, então, na falta de uma delas (ROUSSILLON, 2008a, p. 67).

Essa última questão lançada por Roussillon (2008a), da articulação das diferentes expressividades apresentadas pela linguagem não verbal, vem ao encontro do cerne deste livro. Está articulada com sua outra hipótese, segundo a qual as experiências precoces, principalmente as de natureza traumática, "voltam" na vida psíquica do adulto/criança e no cenário analítico na relação transferencial, sob a forma de linguagem não verbal. Isto é, tais linguagens não verbais referem-se ao afeto ou às formas de representação-coisa como o ato, gestos, a postura ou soma, e tentam contar a história do que não pode ser inscrito e historicizado quando da instalação do aparelho de linguagem. Vão ser testemunhas de estados subjetivos de períodos que precedem à construção da linguagem verbal. Vou me ocupar, detalhadamente, sobre este assunto, no tópico "Comunicação de Experiências Primitivas" (ver página 83), já que se articula com os casos clínicos aqui narrados.

Vale dizer que a pulsão compreendida como portadora dessa função mensageira, dentro da abordagem de Roussillon (2008b), é uma das peças de fundamental importância para sua formulação do processo de subjetivação, em nosso ofício de analistas com os pacientes da atualidade. Os diferentes fatores que concorrem para garantir à evolução da subjetividade são todos mediados pelo lugar e sentido que adquirem no âmago da relação intersubjetiva de base, a partir da qual a subjetividade pode ir ganhando forma. É a partir de seu peso na relação intersubjetiva que esses diferentes fatores serão avaliados. Portanto, o processo de subjetivação a ser trabalhado na clínica só ganha sua possibilidade de acontecer porque se encontra imerso nas águas da intersubjetividade.

Darei uma pequena amostra do que é esse processo de subjetivação, a título de complementação da ideia iniciada no parágrafo anterior. Isto é, todo esse processo de subjetivação irá compor de forma mais esclarecedora o Capítulo 2, sobre a "Simbolização Primária".

Processo de subjetivação-apropriação subjetiva e simbolização primária em relação ao intersubjetivo

O desenrolar da relação intersubjetiva da transferência não representa nenhum ponto de chegada dentro da série de transformações que vão afetar a potencialidade simbolizante da análise. Apenas representa o ponto de passagem obrigatório de toda apreensão autossubjetiva, intrassubjetiva, de toda apropriação subjetiva verdadeira. A intersubjetividade se abre, deve se abrir para o intrassubjetivo.

Para que a báscula do intersubjetivo possa se efetuar em direção ao intrassubjetivo são necessárias duas operações. A primeira diz respeito a que o outro deva tornar-se um outro-sujeito, um sujeito semelhante, um duplo de si mesmo. Esta é a condição para que o sujeito encontre na resposta do outro, um reflexo de si mesmo. O afeto partilhado, a empatia emolduram o trabalho de inteligibilidade que condiciona a colocação de sentido daquilo que do analisando, por estar sofrendo por falta de apropriação subjetiva dirige ao analista. A segunda operação trata do que será necessário para que nasça a consciência intrassubjetiva: o que o sujeito possa reconhecer e se apropriar naquilo que lhe é refletido, o que lhe diz respeito especificamente, aquilo que o diferencia do outro sujeito. Se a semelhança torna possível o reconhecimento, a diferença é que lhe traz especificidade, que se ajusta a si mesmo, permitindo sua especificação em relação a si mesmo e em relação ao outro. Na relação intersubjetiva é a diferença que abre o campo "autossubjetivo", o campo "intrassubjetivo".

Assim se desenrolam uma série de transformações que constituem o processo de simbolização primária: de comportamento em comportamento significante, deste último para interação, da interação para a relação intersubjetiva, para, finalmente, se desprender o intrassubjetivo, valor potencial de todo o processo. A simbolização primária é o meio pelo qual a apropriação subjetiva pode ter lugar. O sentimento de ser si mesmo supõe o acesso à representação simbólica, e, enquanto alguma coisa não obteve este estatuto, não é possível se fazer nenhuma apropriação subjetiva. Conceitos como de simbolização primária e de apropriação subjetiva são outras peças fundamentais das quais Roussillon (2008a) lança mão para a construção de seu processo de subjetivação. Como expliquei, todos esses conceitos serão tratados no contexto que lhes diz respeito no Capítulo 2, "Simbolização Primária".

Retomando outros dois pontos teórico-clínicos desenvolvidos por Roussillon (2008b), dentro de sua contextualização do funcionamento da intersubjetividade, abordarei o tópico do espaço analítico e seu entrelaçamento com a posição do analista. Se a matéria prima do trabalho analítico é "o desproporcional, o atemporal, o irredutível, o trágico e o paradoxal como aspectos decisivos de nossos objetos", segundo Figueiredo (2008, p. 18), apreciação com a qual concordo, e da qual me sirvo para fazer esse caráter paradoxal trabalhar no espaço analisante.

Modificação no enquadre

O espaço analítico possui suas funções específicas, mas o que importa é qual será sua utilização, qual será o sentido adquirido em seu curso, qual a maneira por meio da qual o processo possa descobrir suas potencialidades. O espaço analítico é um espaço potencial, um espaço a ser descoberto, um espaço que só se tornará analítico se for descoberto nas potencialidades que contém em germe.

Nos quadros de sofrimento narcísico-identitário prevalece uma situação de impasse, na qual os dispositivos da clínica estão sempre interrogando seus próprios limites.

O que levaria um dispositivo a poder se tornar clínico?

Roussillon nos convoca a uma reflexão muito séria sobre esse assunto. Diz ele:

> Se quisermos que a psicanálise sobreviva com o que ela tem podido contribuir para outras áreas do cuidar, é necessária uma reflexão sobre a pertinência e evolução dos dispositivos de cuidado [...]. Para que algumas práticas clínicas que se desenvolveram possam continuar em contato estreito com o pensamento e a clínica psicanalítica, apesar de usarem dispositivos que não são aqueles usados pela psicanálise clássica, impõe-se repensar uma teoria geral dos dispositivos clínicos dentro de uma perspectiva psicanalítica. Seria uma condição indispensável para poder alcançar um nível de pensamento "meta" a respeito do dispositivo, e assim protegermo-nos, como também a nossos pacientes, evitando cair em armadilhas, em uma fetichização dos dispositivos (ROUSSILLON, 2010, p. 173, tradução livre autora).

O ponto de partida de Roussillon (2008a) para contemplar um estudo da questão de uma teoria geral dos dispositivos vai ser o próprio dispositivo da análise clássica, com a finalidade de extrair um determinado número de conceitos, alguns eixos de trabalho, para examinar como eles poderiam ser aplicados a outros dispositivos do cuidar numa abordagem clínica.

Todos esses cuidados de Roussillon (2008a), quanto aos procedimentos, parecem-me de extrema relevância: é poder ser original, mas sempre pautado na tradição. Não foi por acaso que me lembrei de Winnicott. Tenho-o sempre muito presente nos desafios, nas novas conquistas solicitadas pela técnica psicanalítica, a parte "viva" da psicanálise. Creio ser esse o traço de originalidade a que cada analista poderia se "dar ao luxo" e contribuir para o avanço de novos aportes. Nesse trecho o interesse de Roussillon (2008a) diz respeito ao que ele chama de dispositivos do cuidar numa abordagem clínica, que não a da análise clássica ou padrão. Entretanto, se tais avanços caracterizarem um expansionismo desmedido, corre-se o risco de se perder a seiva-matriz da psicanálise e ser criado algo diverso. Vejo nessa última ideia a noção de tradição poder estar sendo veiculada com propriedade.

Dois são os dispositivos clínicos que devem ser avaliados como inabaláveis para a clínica da psicanálise: o método da associação livre e a transferência.

Nossos dispositivos clínicos instalam de uma maneira ou de outra a regra da associação livre, que mistura fragmentos de palavras, fragmentos de comportamentos, fragmentos de desenhos, fragmentos de jogos no caso de terapias de crianças. Nessas ocasiões, em que é a criança o autor de sua cena, situações diretamente ligadas a este trabalho, vamos encontrar as mais variadas expressões da associação livre a cada sessão: uma sequência de jogos, outra de fragmentos de desenhos, outra de comportamentos, todas na sucessão dos acontecimentos que têm lugar na hora analítica.

Quanto à transferência, emerge no pensamento de Freud (1905) em estreita conexão com o método da associação livre: o material que foi reprimido reaparece disfarçado em outro objeto atual no curso do fluxo livre associativo durante a sessão analítica. A transferência não é exclusiva do processo psicanalítico; entretanto, o que de específico apresenta é a possibilidade de instalação da neurose de transferência, permitindo assim seu trabalho.

Ainda, para completar a ideia de um trabalho de apropriação subjetiva, podemos pensar num trabalho de "construção geradora", capaz de abrir novas questões, novos espaços de tensões intrapsíquicas, que, por sua vez, poderão produzir novos objetos para uma nova criação metaforizante. O trabalho da "construção" passa a ser o operador essencial da apropriação subjetiva pelo fato de facilitar aberturas que, inevitavelmente, levarão o sujeito a um trabalho psíquico para assimilá-la, metabolizá-la e proceder à perlaboração. A construção vai permitir ao psiquismo o meio de se estender para a colocação de significado (ROUSSILLON, 2008b, p. 30).

Mas antes de o psiquismo simbolizar a simbolização, antes de desenvolver sua função metaforizante, impõe-se que o espaço clínico aceite se reconhecer de forma mais modesta, como um espaço semaforizante, como um lugar produtor de signos, enigmáticos em seu sentido, mas potencialmente significantes.

Intersubjetividade encaminhada à cocorporeidade

Em contato com o trabalho de Coelho Júnior, "Da intercorporeidade à cocorporeidade: elementos para uma clínica psicanalítica" (2010, p. 53), fui levada à valorização de algumas questões que o autor coloca sobre a corporeidade e a cocorporeidade. São questões que me tocam de perto, inquietações sobre a comunicação verbal e não verbal e como inseri-las dentro do arcabouço teórico clínico da psicanálise, guardando a medida de seu funcionamento na clínica.

Alguns temas me chamaram a atenção nesse artigo de Coelho Júnior. O primeiro foi seu enfoque no corporal, enquanto região transmissora e receptora, na sua apreensão de afetos, do sensório, "o campo de intensidades sensíveis, solo primeiro de experiências vividas" (COELHO JÚNIOR, 2010, p. 52) durante a sessão analítica, o que ocorre entre analista e analisando. Como descrever seu processo sem cairmos num intelectualismo que nos distancie da experiência? O autor nos leva ao reparo do termo "corpo" pelo de "corporeidade", porque nos lembra com razão que esse nome "corpo" é hipervalorizado ou desvalorizado dentro da história de nossa cultura. Eu também pensei que se trata de um termo que pertence ao linguajar científico da fisiologia, como, também, à linguagem popular, portanto um termo impregnado de significados para nossos propósitos. Mas isto já é um vício de nossa tradição cartesiana, com sua divisão corpo-mente, que nos dificulta encontrar algum termo que sirva para nomear o que não é "da mente" e sim "do corpo".

Essa divisão mente-corpo tem trazido dificuldades para a compreensão e interpretação de processos psíquicos enraizados no corpo do indivíduo, levando diversos autores a se ocuparem da questão. Como foge ao escopo de meu trabalho aprofundar-me em tais questões, aos interessados, remeto-os ao artigo de Coelho Júnior.

A proposta de corporeidade vem ao encalço da resolução de diversos problemas: do interno e do externo, da presença de pulsões e abertura para os outros, para o mundo, de poder abarcar diversas dimensões tanto psíquicas como corporais,

> [...] entendo que a corporeidade é também psíquica, como gênese de possibilidades, como potência geradora de elementos propriamente psíquicos, [apesar de haver] uma distinção de níveis e dimensões, com especificidades que precisam ser levadas em conta (COELHO JÚNIOR, 2010, p. 56).

Recorro à definição como citada no texto:

> [...] a corporeidade é um tecido material e energético, móvel e instável, é movida por forças pulsionais, com sua remissão aos objetos e marcada por interferências de intensidades internas e externas, constituindo um campo de forças e protossentidos [...] é um campo específico de experiências sensoriais, afetivas e significantes, mesmo que protossimbólicas (COELHO JÚNIOR, 2010, p. 53).

Podemos então admitir uma corporeidade do analista e outra corporeidade do paciente, uma cocorporeidade, como nos diz Coelho Júnior (2010, p. 53), "plano originário de relação em que processos transferenciais e contra-transferenciais são vividos e sentidos".

Volto-me, então, para minha segunda questão estimulada por Coelho Júnior (2010): a noção de intercorporeidade deve ser substituída pela noção de cocorporeidade. Concordo com o alerta que o autor nos faz, porque acho que foi toda uma geração, com a qual eu me identifico, que ficou presa dos conceitos que se referiam ao "entre". Pessoalmente, eu via uma grande libertação tanto do paciente como do analista de poderem criar juntos um produto que pertenceria a ambos dentro do espaço analítico. Parecia-me uma forma de incluir a resposta do paciente ao analista, muitas vezes desconsiderada. Não que eu desconsidere essa posição: acredito que a criação de sentidos e significados continua a circular pelo campo analítico, mas não a ponto de correr o risco de fazer desaparecer tanto o analista como o paciente, enquanto sujeitos da psicanálise munidos de seu inconsciente e atravessados pelas questões da pulsão e do sexual.

Neste momento evoco Foucault, que considera Freud (como Marx) "instaurador de um campo de diferenciações possíveis", "fundador de discursividade". Diz Foucault: "Estes autores (Freud e Marx) têm isso de particular: não são apenas autores de suas obras e de seus livros. Produziram algo a mais: a possibilidade e a regra fundamental para a formação de outros textos" (FOUCAULT, 1969).

Lembrei-me dessa citação a respeito do texto de Freud: cria a possibilidade de ser explorado em variadas direções e compreendido sob ângulos diferentes.

Coelho Júnior (2010) chega à sua formulação de corporeidade ligada ao eu, trabalhando o texto de Freud, "O ego e o id", e interpretando-o alcança seu propósito formulando o conceito de corporeidade (menciono e remeto os interessados à leitura do artigo).

Roussillon (2008b) faz outro caminho, embora se servindo também de Freud: leva a noção de sujeito-eu, enraizada no id, em seus dizeres de 1932, "*Wo es war, soll ich werden*". É sua frase emblemática, para assegurar a noção que usa de sujeito no sentido que ela possa ser bem-vinda à psicanálise e não fique atrelada à metafísica.

Aspectos ligados à clínica da criança com sofrimento narcísico-identitário

Achei importante incluir este tópico, já que minhas construções clínicas se basearam em duas crianças e com isso acredito poder contextualizá-las para dirimir questões que possam surgir.

Longe de ser um descaso, não ter incluído este tópico antes teve a intenção de fazer com que o leitor percorresse de forma mais agradável a leitura do texto, sem engasgos e tropeços. Ainda mais significativo é o fato de que os casos aqui relatados, apesar de crianças, se referem à clínica que venho descrevendo como narcísico-identitária.

Então, a clínica de crianças comportaria diferenciais clínicos teóricos em relação à clínica de adultos? Abordarei esse tema a seguir.

O desejo dos primeiros analistas de crianças de serem reconhecidos pela comunidade psicanalítica levou-os a tentar demonstrar a qualquer custo de que sua fundamentação era adequada tanto quanto a legitimidade de seu percurso, provando que a natureza de uma análise de criança era ponto por ponto idêntica àquela do processo analítico com o adulto. Green, por volta dos anos 1980, esclarecia: "pretender que a psicanálise de crianças seja uma psicanálise tão 'pura' quanto a de adultos não resiste a um exame" (GREEN, 1979, p. 35, tradução livre da autora). Na verdade, penso o quanto Green não considerava como "pura" o tipo de análise que aqui denominei clássica ou padrão. De fato, a análise de criança nessa consideração de Green seria "impura", pois os caminhos que ela segue estão contidos no tipo de análise não clássica, a dos pacientes de sofrimento – narcísico-identitário.

Evidentemente, quando levanto esses pontos não estou querendo desmerecer a importância das teorias fundadoras da psicanálise de crianças. O gênio de Klein superou a dificuldade da ausência de associações livres na criança com a ideia de uma identidade de função entre a associação livre do adulto, e o brincar e desenhar da criança. Mas Klein, preocupada em defender essa identidade de função entre o brincar da criança e a livre associação do adulto, chegou até a sustentar que a manifestação pelo brincar era exatamente da mesma natureza que o conteúdo manifesto do sonho e que, consequentemente, sua interpretação dependia da mesma técnica que a dos sonhos (KLEIN, 1955).

Não é mais necessário defender a existência da psicanálise de crianças, nem essa questão espinhosa de tentar identificá-la ao tratamento "puro" das análises dos adultos, servindo-me da denominação de Green, citado um pouco acima. A natureza do conteúdo manifesto de um jogo, que se forma pelos mecanismos e princípios que governam as produções diurnas da criança, não poderia ser idêntica àquela do conteúdo manifesto do sonho; da mesma forma, o trabalho que o analista realiza nas condições econômico-dinâmicas da sessão com a criança não poderia ser idêntico a seu trabalho no âmbito da sessão clássica com o adulto. Forçar e reduzir a metapsicologia da sessão com a criança ao modelo do conteúdo manifesto noturno e de sua interpretação seria um erro, como o de querer limitá-la unicamente à hegemonia das tópicas, tal como funcionam na organização psíquica do adulto. Seria desconhecer a participação primordial, em cada sessão de criança, de elementos singulares como lógicas, causalidades, formas de pensamentos, que seguem leis próprias do trabalho psíquico da criança, não comparáveis às do adulto.

Caminho neste momento em direção ao "papel interpretativo" do analista, manejos relacionais, no dizer de Winnicott (2000), intervenções do "agir" do analista em sua relação com a criança, em que, fundamentalmente, predomina esse tipo de comportamento do "agir" (ou "da ação", termo que adotarei ao longo de minha exposição).

Se é que a *talking cure* fora tão valorizada nos primórdios freudianos, carreando suma importância à palavra, ao verbal, seguiu emblemática em sua função terapêutica até nossos dias. Expressões como a "linguagem psicanalítica", a "escuta" do analista, apontam para esse marco fundante da comunicação verbal presente no trabalho psicanalítico.

Se Freud pretendia ver, "dentro" de seus pacientes, o sentido oculto das palavras ouvidas, provocar *insight* (*einsicht*) para desvendar os enigmas da mente, Ferenczi acrescentava ao trabalho terapêutico o "experienciar" (*erlebnis*), poder fazer o sentido que faltara ser feito numa vivência de agora, numa cena apresentada para ser vista e sentida. Freud levava para a clínica a tarefa de relembrar através das "memórias de vivências" (lembrar o que teria sido vivido de maneira conflitiva e por isso ficara impedido de passar à consciência), enquanto Ferenczi nos conduziria a trabalhar a equação entre experiências sem representação e a construções de vivências correspondentes, o que poderia ser chamado de "vivências de memórias" (CHERTOK; SAUSSURE, 1973). Seria a busca de solução para experiências que haviam ficado apenas impressas como registro na memória, embora sem representação, e que nesse momento do trabalho clínico teriam condições de receber uma "construção" interpretativa do analista.

Como lembrar algo que não chegamos a viver por falta de representação psíquica? Respondia Ferenczi: "ninguém pode enforcar um ladrão antes de tê-lo agarrado" (FERENCZI, 1992).

Ao pedir a rememoração, Freud (1915) desejava trazer a parte do psiquismo obscurecida de volta ao paciente. Se este não pudesse rememorar tais conflitos, através da ação se descarregariam, não possibilitando acesso ao trabalho terapêutico. Esse tipo de ação foi entendido como defesa, uma resistência da transferência contra o trabalho analítico, sendo chamado de *acting-out* ou atuação (*agieren* – em alemão).

Em oposição a Freud, Ferenczi via na ação do paciente não uma resistência contra a análise, mas sim uma impossibilidade de esta ter recebido sentido, desafio que teria de ser trabalhado e construído pelo trabalho analítico (AVELLO, 1998).

Foram esses alguns dos pontos divergentes quanto ao trabalho clínico que cavariam ao longo do tempo sulcos profundos na grande amizade entre Freud e Ferenczi. A questão da ação fica suspensa enquanto ferramenta terapêutica até poder ir ressurgindo no trabalho de Winnicott com crianças, sobretudo com aqueles pacientes difíceis, que se comunicavam mais pela ação do que pelo verbal.

Hoje, na clínica com crianças, que verbalizam ou não, o que se observa é uma preocupação insistente por parte dos terapeutas em levar a criança a pensar. Nada mais natural!

Creio que é possível compreender essa inquietação dos analistas, visto serem as palavras o elemento inicial do desenvolvimento que será usado com o tempo no processo de simbolização, a mais nobre das conquistas do humano: *Homo intellectus est*!

Freud (1911) já havia acentuado a importância, para o avanço adaptativo da criança, do surgimento da representação como parte do processo de pensar e assim será considerado à medida que o princípio da realidade ganha supremacia na mente do *infans* indicando-lhe qual ação seguir dentro da realidade. Poder-se-ia considerar que desde então o pensamento antecipa e regula a ação, articulando as exigências das aspirações pulsionais e as imposições da realidade.

Seguindo essa mesma tradição da importância do uso do verbal na comunicação psicanalítica, Klein (1997) o inclui em seu trabalho clínico interpretativo. O tratamento psicanalítico infantil, nos moldes de Klein, funcionava de maneira idêntica ao tratamento de adultos, trazendo em sua esteira a importância do verbal na comunicação paciente-analista. Podemos nos valer de uma interpretação para superar o que estaria expressando:

> [...] uma transferência negativa e isso torna ainda mais imperativo que a interpretação comece o mais cedo possível. Pois a interpretação reduz a transferência negativa do paciente na medida em que retraça os afetos negativos envolvidos até os seus objetos e situações originais. Por exemplo, quando Rita, que era uma criança muito ambivalente, sentia uma resistência, na mesma hora queria deixar a sala e eu tinha que fazer uma interpretação imediatamente para resolver essa resistência. Assim que eu esclarecia para ela a causa de sua resistência – sempre levando-a de volta para a sua situação e objeto originais – a resistência se resolvia e a menina se tornava amistosa e confiante de novo e continuava a brincar, fornecendo em todos os seus variados detalhes uma confirmação da interpretação que eu acabara de dar (KLEIN,1997, p. 41).

A interpretação deveria ser feita nos moldes kleinianos sobre o ponto de urgência do material transferencial expresso pela repetitividade de determinado tema ou pela intensidade dos afetos ligados a este.

Contudo, nas crianças e também em pacientes gravemente enfermos, a comunicação verbal não só não dá conta da necessidade da interação comunicativa, como também não constitui, no mais das vezes, o processo mais importante por meio do qual o fenômeno transferencial e contratransferencial se estabelece e a intervenção comunicacional terá lugar. É aqui o difícil terreno da comunicação terapêutica. A estrutura psíquica da criança, por diferir fundamentalmente da estrutura do adulto, a impede de seguir o método da associação livre que é usado no adulto como a estrada real de acesso ao inconsciente. Falta à criança capacidade de introspecção que lhe permita comunicar o que lhe está ocorrendo, como acontece com o adulto. Quando digo que não há possibilidade de introspecção é porque o ego da criança é um ego que vivencia e somente mais tarde, com a maturação, haverá a presença do ego reflexivo, havendo então um ego observador e outro ego, aquele que vivencia. Além desses aspectos estruturais, a capacidade de simbolização secundária das crianças está apenas se iniciando e a expressão verbal de sua interioridade se revela insuficiente, precária e incipiente.

Foi diante desse estado de coisas que Klein (1955), introduzindo a técnica do brincar, supera esses obstáculos, indo ao encontro da possibilidade de comunicar da criança.

O brincar dispensa em grande parte a verbalização, porque a expressão no brincar se faz fundamentalmente pela ação. No desenvolvimento da criança, de fato a ação precede a verbalização; entretanto, não podemos nos esquecer de que pensamento, ação e verbalização são processos que se inter-relacionam geneticamente. O pensamento é uma ação experimental, a verbalização é a exteriorização do pensamento. Mas, antes que esses processos se desenvolvam, a ação real já se faz presente na vida da criança. Essa ação real não só precede o pensamento e a linguagem verbal como meio de expressão das necessidades afetivas da criança como também dos conflitos que nesse nível do desenvolvimento têm lugar. Mais tarde a ação continuará presente mesmo no adulto como uma consequência do pensamento. Como a ação é a forma de expressão predominante na criança, ela necessita ser compreendida pelo terapeuta e também deverá mantê-lo alerta às suas próprias ações a fim de saber o que a criança estaria compreendendo de seu próprio comportamento.

Quando fazemos análise de crianças pequenas, o confronto com um mundo particular é inevitável: a percepção domina sobre a representação, a representação-coisa e a de afeto são privilegiadas em relação à representação de palavra.

Lembrando a conceitualização de Roussillon (2008b) sobre a simbolização primária, ele nos mostra a possibilidade desta outra "teoria" da simbolização que irá materializar-se especificamente no *setting* do trabalho analítico de crianças. O espaço ludoterápico inclui objetos para brincar, que, na verdade, são o próprio material para a transferência, assim como o papel, o lápis para desenhar e as representações de coisas visuais que são mostradas antes ou ao mesmo tempo em que são ditas. A comunicação admite mensagens, transferências que passam pelo visual, a simbolização passa pela motricidade, por certo registro motor, também passa pela percepção visual, por um certo registro da percepção visual, e haverá um registro que promove diretamente representações-corpo ou representações-coisa. A simbolização vai se dar diante do olhar do outro, em uma direção que abre o "canal" visual. É um erro considerar que o "cara a cara" no trabalho analítico com o adulto permite maior "percepção" ao analisando do analista, pois o que essa modalidade permite é tornar possíveis mensagens visuais, mensagens corporais e assim outras modalidades de simbolização diferentes daquelas que passam somente pela linguagem verbal.

O terapeuta de criança deixa sua poltrona de analista, lugar de sua escuta, e retoma a posição de observador visual. É a visão o órgão por excelência usado para a captação da ação da criança. Olhar e ir além do que se vê na grande movimentação da criança durante a sessão: é o vai e vem na sala, é o pôr e tirar, é o esconder, é o aparecer, é a mudança do brincar, é um verbalizar. O analista poderá escolher qual será sua interpretação – ou verbalizada ou ação interpretada (quando o terapeuta faz alguma coisa ou deixa de fazer –, como, por exemplo, no caso de optar por silenciar, o que não deixa de ser uma ação do terapeuta).

Com a introdução dessa noção de intervenção de ação, desejo desaprisionar o analista de crianças de apenas receber interpretações verbais, como se, repetindo o modelo do adulto, neste caso da linguagem verbal, garantisse a assepsia do tratamento analítico. É um adulto (analista) que pretende estar introduzindo a criança ao nível do simbólico primário, permitindo serem vividas emoções que se apresentam não subjetivizadas ou em conflito. Essa é a questão: para desenroscarmos conflitos, ou vamos com a ferramenta do falar (interpretação verbalizada) ou vamos com a ferramenta do agir (intervenções de ação) para as situações da ordem do traumático.

Mesmo a criança, ao verbalizar, o faz de modo muito particular. Quero dizer, com isso, que a utilização das palavras muito mais se aproxima do universo expressivo concreto da criança, pois ainda não ganhou a polivalência e a versatilidade que a representação simbólica verbal irá desenvolver. As palavras são como Spitz (1979) diz: verdadeiras sentenças, elas são processos de condensação de necessidades e apresentam ainda uma relação simbólica rígida e uniforme. As sentenças de uma só palavra, quando falamos de Spitz, podem designar, no caso do uso de "mamãe", por exemplo: me acorde, me proteja, me dê colo etc.

Quando a criança aprende a verbalizar "mamãe", a palavra se confunde com a própria mãe – ou, quando ela dá o nome a uma pessoa ou objeto, o nome faz parte do objeto ou pessoa. É com surpresa que mais tarde ela descobre que uma mesma palavra pode designar diferentes coisas e diferentes pessoas.

Piaget (1990) ilustra todo o progresso de ganho de controle e de conhecimento da criança em relação ao mundo, através do que denomina os esquemas de ação. Diz ele ao falar de seus erros: "Oh! Meus erros. Acreditei muito na linguagem. Fazia as crianças falarem no lugar de experimentar".

Nessa mesma linha de trabalho, Winnicott (1990c, 2000) também leva "o experienciar" da criança a ser o diferencial de seu trabalho terapêutico. Portanto, é num plano material concreto da ação que primeiramente a criança é envolvida, para depois ter condições de transformar essa mesma ação em uma ação experimental do pensamento.

Além dessa linguagem de ação, como a de afeto, o tratamento da criança, também do ponto de vista econômico, expresso pela dimensão do quantitativo sobre a dinâmica das tópicas, e da percepção sobre a representação, nos encaminha à clínica do trauma e da neurose traumática.

Freud mostra em *Além do princípio do prazer* (1920), que a tarefa psíquica primordial da criança é ligar, pela repetição, a excitação que aflui nas zonas de ruptura dos processos primários: o fracasso dessa ligação provocaria uma perturbação análoga à neurose traumática. A famosa brincadeira do carretel não representa unicamente a ilusão do retorno da mãe, mas, principalmente, o controle do excesso de excitação, sua ligação pelas possibilidades autoeróticas da criança: sem isso, nenhuma evolução seria possível.

A análise do adulto é pautada pelo papel diretor do desejo infantil, mais precisamente o desejo edipiano; a análise da criança revela que uma criança com esse mesmo desejo edipiano é tomada por um problema maior, que, mesmo incluindo o precedente, desempenha um papel preponderante em sua economia psíquica: a necessidade de criar ligações antitraumáticas. Essa situação impõe-se na sessão de Bia quando sua sexualidade de púber se faz presente, e considerei não ser um ponto relevante para minha intervenção. Havia uma situação mais regredida, em que era necessária maior atenção ao trabalho de religar ligações desfeitas pelo trauma. O *chuá* do *spray* antiaranhas, mencionado na página 204, é um arranjo sonoro onipotente que funciona nesse sentido.

A concepção de Freud do funcionamento psíquico a partir de 1920, abre-se para novas perspectivas metapsicológicas, graças a noções de neurose traumática e de trauma infantil que vão além do âmbito das tópicas e do recalque: são dimensões fundamentais do pensamento de Freud, penso, porque esboçam o modelo de uma dinâmica psíquica diferente e complementar à das neuroses.

Comunicação de experiências primitivas

Com Roussillon dou sequência à busca de uma nova luz à clínica de Bia, que clamava por compreensão em suas comunicações não verbais. Esse autor não está distante de Winnicott, com o qual mantém interlocução em seus trabalhos, apesar de ser Freud o mestre de sua pauta. Diz ele:

> As reflexões que proponho dizem respeito ao modo de presença ou retorno de experiências primitivas, sobretudo arcaicas, na vida psíquica do sujeito criança, adolescente ou adulto durante o tratamento analítico. A hipótese é de que, através de um tipo de trabalho de "colocação em representação" (*mise en représentation*) propiciado pela clínica na pessoa do analista, é possível a retomada dessas experiências primevas. Além da referência à prática clínica estrita, estas questões apontam para uma re-

flexão mais ampla da clínica conhecida como "de limites" (*aux limites*) (ROUSSILLON, 2008b, p. 89, tradução livre da autora).

Para situarmos as experiências arcaicas, que serão as de meu interesse para a compreensão do trabalho com Bia, inicio lançando mão da contextualização conceitual que Roussillon faz do infantil.

Segundo ele, todos nós sabemos da importância do infantil para a teoria e clínica da psicanálise em seus aportes para o modelo da vida psíquica inconsciente. Quando Freud, no trabalho do início da psicanálise, elegeu a criança da crise edípica, da triangularidade organizada em torno às questões da diferença de sexos, da diferença de gerações e da angústia castração-penetração, tornou-a o representante do conceito chave da "sexualidade infantil" (ROUSSILLON, 2008b, p. 90). Como ferramenta valiosa para a construção da psicanálise, "a sexualidade infantil" passa a carrear material para as futuras formulações da metapsicologia. Ao longo do tempo, entretanto, esse modelo plasmado na configuração edípica foi se mostrando insuficiente, sobretudo no que dizia respeito ao trabalho analítico com pacientes psicóticos, psicossomáticos, criminosos, mas, principalmente, aqueles pacientes com sofrimento narcísico-identitário, os quais abrangiam uma gama bastante importante da clínica. Portanto, urgia a criação de uma complexificação desse modelo inicial de Freud, ou mesmo uma inflexão paradigmática.

O infantil não é homogêneo em sua abrangência, e Roussillon (2008b) salienta ser possível diferenciar pelo menos dois grandes segmentos distintos em seu funcionamento: o arcaico e o infantil, separados pela introdução da linguagem verbal no início do período infantil. O período arcaico, além da problemática da diferenciação eu–não eu, trata também da questão nuclear da ligação-separação do objeto, duas faces do mesmo processo, que conduzem o sujeito a descobrir a existência de um objeto – "outro-sujeito". O infantil gira em torno às questões da diferença de sexos e de gerações, dialetizando-se com as diferenças eu–não eu, que só então, nesse segundo tempo, poderão se organizar.

Ao tratar do infantil, Roussillon (2008b) tem em mente poder estabelecer ligações entre o período arcaico e a clínica de sofrimento narcísico-identitário. Segundo ele:

> Sem dúvida, não há correspondência direta entre as experiências do bebê e o quadro clínico observado nas crianças, adolescentes e adultos, mas existem ligações entre eles que dizem respeito à nossa clínica {narcísico-identitária} (ROUSSILLON, 2008b, p. 91, tradução livre da autora).

Roussillon (2008b) sustenta que uma das hipóteses clínicas mais trabalhadas nos últimos anos é a de que um dos componentes do quadro clínico, conhecido como sofrimento narcísico-identitário[3], diz respeito a traumatismos que afetaram experiências psíquicas num tempo precoce de seu desenvolvimento durante o processo de subjetivação, tempo chamado por ele de arcaico, quando ainda não teria ocorrido o desenvolvimento do aparelho verbal da criança. Como consequência, defesas são erigidas para servir de proteção ao psiquismo em formação, contra o impacto desorganizador do trauma.

O sujeito, durante seu desenvolvimento, carrega esse quadro psíquico e, quando adulto, o que se depreende é a manutenção tenaz das defesas para evitar a volta de traços mnêmicos disruptivos relacionados ao trauma. Quanto à criança, a maneira de sua organização psíquica se compor vai depender de qual segmento do desenvolvimento foi atingido traumaticamente: se no arcaico, período anterior à aquisição da linguagem verbal, ou no infantil, posterior à aquisição da linguagem verbal. Essa diferença de períodos do quadro infantil é significativa não só pela maneira como a experiência traumática é registrada, mas, também, pelo

---

3. Roussillon usa o termo narcísico-identitário para designar o sofrimento centrado em dificuldades na subjetivação, na problemática do ser. Pode-se entender como uma clínica da subjetividade e da subjetivação.

modo como retorna posteriormente. Essa situação a que acabo de me referir diz respeito a todas as buscas em relação à comunicação de que vou me servir nas minhas investigações.

Roussillon encontra respaldo em Freud para o que diz sobre o infantil. Em *Construções em análise* (1937, p. 291) Freud propõe que o retorno de certas experiências sob forma alucinatória poderia estar referido a experiências traumáticas "vistas e ouvidas" antes do aparecimento da linguagem verbal. Assim sendo, ele propõe fazer da presença ou ausência da linguagem verbal um marco de diferenciação da história precoce da criança, ao que Roussillon (2008b) segue nomeando cada período: o primeiro de arcaico e o segundo de infantil.

A hipótese de Freud quanto a um trauma tornar-se lesivo no período das vivências arcaicas decorre de uma condição psíquica, chamada por ele de "fraqueza de síntese", própria dessas primeiras experiências, que tendem a se conservar muito mais do que experiências posteriores.

Roussillon (2008b) lembra o quanto Freud vem sendo confirmado nessa sua hipótese na atualidade, através de estudos da neonatologia, e dentre eles destaca o de David e a ideia da "nebulosa subjetiva" (DAVID, 1997). Tal caracterização se refere ao estado inicial do bebê constituído por vivências diversas que ainda não se unificaram.

Roussillon (2008b, p. 119) participa da crença de que hoje em dia é impossível manter a ideia de uma etapa anobjetal do desenvolvimento ligada à ideia de uma indiferenciação primitiva do bebê, o qual não poderia perceber a "exterioridade" do objeto. Pesquisas em curso, segundo Dornes (2002), levam a crer que o bebê desde o nascimento apreende uma forma de "mãe" pelo menos por alguns momentos. Entretanto, lhe é extremamente custoso manter essa percepção por mais tempo, acontecendo momentos de confusão nos quais sua discriminação se apaga.

A esta primeira fonte de difração une-se uma multiplicidade de estados afetivos e sensório-perceptivos ainda não unificados. A unificação dessas experiências só vai começar a ter lugar na relação com o seio da mãe durante a amamentação num tipo de ajuste estésico.

Como André Bullinger (2004) sublinhou, o ajuste no *holding* do "apoio-costas" é possível durante a mamada com a liberação dos músculos hiperextensores do bebê, que lhe permite levar a mão para o campo viso-bucal. Boca, mão e olho são colocados no mesmo campo perceptivo, havendo assim a possibilidade de serem associados à experiência subjetiva e se articularem a partir de então. Abre-se, nessa circunstância, a possibilidade de investimento de uma primeira forma de unificação da "nebulosa subjetiva", que, após ser libidinizada, promoverá a ligação psíquica. Temos, daí, uma primeira forma possível da "capacidade de síntese do eu", isto é, a capacidade de juntar elementos que, embora diversos, podem se manter associados e, portanto, vão se constituir no funcionamento do que entendemos por capacidade associativa. Se, pelo contrário, predominar uma experiência de ligação e associação de má qualidade, as capacidades associativas e a futura capacidade de síntese do processo de subjetivação ficarão enfraquecidas (ROUSSILLON, 2008b, p. 127).

Penso que a integração da experiência subjetiva é hipercomplexa para o bebê e só pode ter lugar na relação com a mãe ou com o ambiente primeiro. Os dois componentes da relação, a mãe e o bebê, encontram-se numa situação de assimetria, na qual, apesar de o bebê não ser passivo, a atividade da mãe terá de ser viva, atenta, sendo ela a protagonista essencial para a integração e unificação das experiências primitivas do bebê. A comunicação do bebê passa por essa via de integração e unificação, como num processo em que sua mãe vai puxando as malhas que ele lança a ela ao irem ambos tecendo uma rede comunicacional.

Como vai se entremeando entre os dois essa "fala" ainda tão rudimentar do bebê? Cabe à mãe ir dando atributos a ela: forma, cor, densidade, carne, enquanto vai respondendo ao *infans* e criando uma "conversa" à moda do *squiggle*[4].

Roussillon (2008b, p. 93) nos lembra de uma posição assumida por ele, há muito tempo, quanto à maneira de o bebê se comunicar: para ele, o *infans* se utiliza de dois modos de comunicação e de endereçamento subjetivo. O primeiro passa pelo afeto e pelo ajuste do afeto, que corresponde ao representante-afeto da pulsão "mensageira", como se vê no item que se ocupa do afeto no Capítulo 2 – tópico "A partilha afetiva: a harmonização emocional", a partir da página 182. A segunda forma de comunicação do bebê mobiliza o registro mimo-gesto-postural que corresponde à primeira colocação dos "representantes–representação de coisa" da pulsão, que serão tratados em "A partilha estésica", no Capítulo 2 (página 178 e seguintes).

Como foi dito no começo deste trabalho, Roussillon vai construindo sua argumentação de uma maneira tal, que, ao ir entremeando-a aos pressupostos de Freud, fortalece seu próprio discurso e torna-o mais enriquecido.

E, então, Freud, já em seu trabalho de 1913, no artigo "O interesse científico da psicanálise", tem sua atenção voltada para comunicações não verbais, as quais, naquela época, considerava "falas", linguagens:

> [...] a expressão "fala" deve ser entendida não apenas como significando a expressão do pensamento por palavras, mas incluindo a linguagem dos gestos e todos os outros métodos, [...] através dos quais a atividade mental pode ser expressa (FREUD, 1913, p. 211).

A continuação do artigo indica que Freud (1913) está se referindo à "linguagem do sonho", isto é, à linguagem das representações-coisa, mas, tam-

---

[4]. Jogo de Rabisco de Winnicott.

bém, às linguagens do corpo exploradas por ele. Freud já tinha abordado a questão das formas não verbais da linguagem na histeria e na neurose obsessiva, como veremos a seguir nos dois casos relatados por ele.

Em 1907, no artigo "Atos obsessivos e práticas religiosas", Freud fala do ritual de uma mulher que é obrigada a dar voltas várias vezes em torno da bacia de água suja por abluções, antes de poder esvaziá-la na privada. A análise desse ritual obsessivo mostra que não somente as ações compulsivas são carregadas de sentido a serviço dos interesses da personalidade, mas apresentam, também, a figuração, direta ou simbólica, das experiências vividas. Assim no que diz respeito ao ritual da bacia, no transcurso da análise, este adquire o sentido de uma advertência dirigida à irmã da paciente, que deseja deixar o marido: para que ela não se separasse da "água suja" do primeiro marido antes de ter encontrado a "água limpa" de um substituto. Roussillon faz a seguinte observação: para Freud o ritual não adquire sentido apenas na relação da paciente consigo mesma, portanto, sentido intrapsíquico, mas, também, se inscreve na relação com a irmã, como mensagem enviada a esta. A ação compulsiva tem um sentido, "conta" uma história, mas, além disso, trata-se de uma história endereçada, uma mensagem, uma "advertência" à irmã da paciente (ROUSSILLON, 2008b, p. 4).

O ato "mostra" um pensamento, uma fantasia "conta" um momento da história, mas mostra ou conta a alguém significativo; trata-se de um ato endereçado, mesmo que não assuma plenamente seu conteúdo, mesmo que o pensamento se esconda por detrás de sua forma de expressão. O ato "mostra", ele não "diz", conta, e avança disfarçado.

Em 1909, Freud estende sua reflexão relativa aos ataques histéricos e à pantomima destes, em seu trabalho "Algumas considerações para um estado comparativo das paralisias orgânicas e histéricas", no qual enfatiza que no ataque histérico a fantasia é traduzida em linguagem motora, projetada na "motilidade". O ataque histérico e sua pantomima encenada lhe parecem ser o resultado da condensação de várias fantasias (principalmente bissexuais) ou da ação de vários "personagens" de uma cena histórica traumática. Por exemplo, aquilo que se apresenta como agitação incoerente de uma mulher, como pantomima insensata, adquire sentido se tivermos o cuidado de decompor o movimento em seu conjunto para desvendar uma cena de estupro. A primeira metade do corpo e da gesticulação da mulher "figura", por exemplo, o ataque do estuprador que tenta lhe arrancar as roupas, enquanto a segunda metade de sua expressão corporal representa a mulher tentando proteger-se do ataque.

Aquilo que parece à primeira vista "pura descarga" revela então a complexidade significante que ali reside e se disfarça. A histeria "fala" pelo corpo, mostra aquilo que o sujeito não pode falar e que ela assim esconde. A respeito da conversão, Freud (1909) já assinalara que o corpo do histérico tentava dizer palavras que o sujeito não podia aceitar, pronunciar e delas tomar plenamente consciência. No caso, uma náusea expressará o fato em linguagem de ter "desgosto" e o "desgosto" remeterá, por sua vez, à forma metafórica de um desgosto do coração, a uma desilusão amorosa. O ato, nos processos histéricos, pode ser interpretado como foi o representante-afeto; é linguagem do ato, passagem da linguagem pelo ato, mais que passagem ao ato.

A linguagem é endereçada, endereçada a si mesmo, modo de dizer-se, mas, também, endereçada ao outro, talvez na expectativa de que aquilo que ele diz sem sabê-lo, sem dizê-lo, seja ouvido e refletido pelo outro. Em *Estudos sobre a histeria*, Freud (1895) observa em todos os cenários contados e encenados, o lugar ocupado por aquele que ele denomina "o espectador indiferente".

Segue Roussillon:

> A cena é dirigida a esse espectador, que é também um representante exteriorizado do eu, um duplo. A cena conta "para" esse espectador, sendo novamente aqui "mensagem endereçada" a um outro, "tomado como testemunha" daquilo que, historicamente, prescindiu do olhar do outro. (ROUSSILLON, 2008b, p. 95, tradução livre da autora).

Os casos acima mencionados, tanto da "obsessiva" como da "histérica", pertencem ao universo neurótico, portanto, um universo marcado e enquadrado pelo aparelho de linguagem, estruturado pela metáfora. O corpo "diz", encena aquilo que o sujeito não consegue dizer, mas que poderia potencialmente dizer; o corpo metaforiza a cena. Freud (1895) é bastante claro quando diz que as cenas contam um roteiro, uma história, a história de uma parte da vida que não pode ser assumida pelo sujeito, pertencendo assim ao universo da linguagem e a seus modos de simbolização. Apesar de o corpo "falar" e "mostrar" e a narrativa tentar contar ao próprio sujeito, ela é, também, e talvez em primeiro lugar, narração para um outro sujeito.

Vale lembrar que a questão proposta dentro do objetivo de meu trabalho é, ao poder identificar as diferentes "falas" do corpo, do ato, do afeto de Bia, saber identificar quais aquelas que se referem ao tempo das experiências arcaicas, das falhas da simbolização primária e da linguagem "inacabada".

Como no trabalho com Bia são as experiências arcaicas os indicadores dessa linguagem "inacabada", dirijo-me ao universo psicótico e valho-me de Freud para iniciar minha pesquisa sobre esse tema. Apesar de a psicose não ocupar o lugar de maior destaque na obra de Freud, nos surpreende que, já em 1913, lhe chame a atenção a forma de comunicação que na época estava presente na demência precoce.

No artigo "O interesse científico da psicanálise" (FREUD, 1913), ele afirma sua crença no fato de que os atos, mesmo aqueles das estereotipias observadas na demência precoce, isto é, na esquizofrenia, não eram desprovidos de sentido, manifestando-se como "os remanescentes de ações miméticas perfeitamente significativas, as quais, em certa época, expressaram os desejos dominantes do indivíduo". Diz ele:

> Os discursos mais insanos, e as mais estranhas posturas e atitudes adotadas por esses pacientes tornam-se inteligíveis e podem ser encaixadas na cadeia de seus processos mentais, se forem abordados com bases em hipóteses psicanalíticas. [...] Onde até então parecia prevalecer apenas o mais aberrante capricho a pesquisa psicanalítica introduziu regras, ordem e conexão, ou pelo menos nos permitiu suspeitar de sua presença nas investigações que ainda se acham incompletas (FREUD, 1913, p. 208).

Se Freud, em 1913, assim conjecturava, num trabalho psicanalítico "inacabado", as "investigações incompletas", talvez possamos responder ao "trabalho inacabado" com as duas hipóteses que ele mesmo lança em 1937, em *Construções em análise*. Freud diz: o sintoma psicótico "conta" a história de um acontecimento visto ou ouvido em uma época anterior à emergência da linguagem verbal, antes dos 18-24 meses, e acrescenta, em uma de suas notas redigidas em Londres, em 1938, que o episódio foi conservado em seu estado – sua segunda hipótese – devido à insuficiência da capacidade de síntese da época.

Levanto a pergunta: o que Freud está propondo?

Respondo: o que foi vivido em uma época em que a linguagem verbal ainda não era capaz de dar forma à experiência subjetiva vai tender a retornar sob uma forma não verbal, tão arcaica quanto a experiência em si, e, portanto, na linguagem da época, dos bebês e das crianças pequenas, uma linguagem corporal, uma linguagem de ato.

Por outro lado, essas experiências subjetivas primitivas pertencem a uma subjetividade que não dispõe de temporalidade cronológica: conhecem apenas um ritmo elementar. A consequência é serem vividas "fora do tempo" e registradas com essa característica. O que está fora do tempo pertence a "qualquer tempo"; não "conhece" o tempo, e, por isso mesmo, tais experiências primitivas não podem se constituir em "lembranças" (memória declarativa), tornando-se assim sempre "atuais", caso não possam se organizar posteriormente: é o que acontece com as experiências de caráter traumático que não puderam ser significadas pela e na subjetividade.

No decorrer das sessões de minha paciente, Bia, fica muito clara a introdução da noção do tempo cronológico em seu universo transtornado por esse tempo que é sempre presente, por uma vida que ela diz que é passada, a vida passada, que, porém, realiza-se numa totalidade existencial, num absoluto de um presente eterno. À medida que outras características foram sendo acionadas na sua transferência comigo, como confiança, esperança, a noção do tempo cronológico pode também compor essa fabulosa melhora de seu quadro: datando, limitando e inscrevendo a experiência ausente do passado numa relatividade que foi permitindo o direito à organização secundária de retomar seus direitos e funções. Ver os recortes clínicos no Capítulo 2, no tópico "A introdução do tempo cronológico", a partir da página 198, onde será apresentada de forma mais esclarecedora essa questão.

Retomo novamente uma citação de Freud, aproveitada por Roussillon para introduzir uma análise que ele (Roussillon) faz do funcionamento do tempo no processo analítico. Talvez tenha mais sentido a análise detalhada que Roussillon trabalha para psicanalistas de tradição francesa tão preocupada com o *après-coup*, do que propriamente para mim, pertencente a outra filiação de origem. Em todo caso, pareceu-me uma forma heurística para o pensar.

Se lembrarmos de que em 1895 "a neurótica" de Freud sofria de reminiscências e se curava podendo "lembrar", a partir de 1938 continua-se sofrendo de reminiscências e ainda se pode curar através de lembranças, ou reconstruindo uma história por meio da qual se sofre por ser uma história inapropriada, pelo fato de não podermos nos apropriar dela, curamo-nos então ao simbolizar, ou ressimbolizar, os desafios que ela contém. Mas para simbolizar e subjetivar o "inapropriado" da história, é necessário repetir e jogar de novo no presente o que não teve lugar psíquico em seu tempo próprio, lembrar-se de que é agora no presente do eu [que podemos] integrar e significar aquilo que não pode receber historicamente estatuto psíquico satisfatório (ROUSSILLON, 2001, p. 114, tradução livre da autora).

À medida que Roussillon (2008a, p. 67) estabelece sua hipótese do retorno para o presente das experiências arcaicas não subjetivadas, pode nos parecer que nada mais está falando senão da conhecida situação transferencial atualizada na sessão de análise. Sem dúvida, lembrei-me do trabalho analítico num referencial da escola inglesa de Klein ou de Winnicott, que foi sempre partidária de pensar nas primeiras relações de objetos não resolvidas satisfatoriamente, vir a tomar lugar na situação transferencial. É através da repetição de situações conflitivas que Klein define o que entende por transferência desde as primeiras relações de objeto:

> [...] a transferência origina-se dos mesmos processos que nos estágios mais iniciais determinam as relações de objeto. Dessa forma, na análise temos de voltar repetidamente às flutuações entre objetos amados, externos e internos, que dominam o início da infância. Só podemos apreciar plenamente a interconexão entre as experiências positivas e negativas se explorarmos o interjogo inicial entre o amor e o ódio [...]. Por outro lado, através da exploração desses processos arcaicos [...] que a análise da transferência negativa [...] constitui uma precondição para analisar as camadas mais profundas da mente (KLEIN, 1952, p. 76).

Mas se ainda nos mantivermos na leitura de Freud, penso que dificilmente poderíamos nos esquecer dos "pontos de fixação" que irão acionar os nódulos de conflito para a repetição do anterior para o posterior, do antigo para o presente. Por outro lado, esse modo de entender os fatos clínicos recebe objeções por parte daqueles que, pretendendo se apoiar em Freud, dizem o contrário, que o que se apresenta na clínica foi reinterpretado *après-coup*: as experiências do presente dão sentido, remanejando psiquicamente as experiências do passado. Para responder a essas objeções, Roussillon pesquisou em toda a obra de Freud através do *Index Delrieu* para verificar o número de ocorrências do termo *après-coup* e qual o seu sentido.

O que foi constatado é que o termo foi usado entre os anos de 1895-1898 no sentido de *a posteriori*. É o caso emblemático de Emma, criança de oito anos que foi seduzida, mas que só na puberdade ao ser disparado um processo fobígeno é que pôde de fato atribuir conotação sexual ao que tinha vivenciado aos oito anos. De resto, o sentido de *après-coup* sofreu realmente uma inversão no sentido: experiências mais tardias é que serão reinterpretadas à luz de experiências precoces, com exceção de uma ou duas menções feitas em "O homem dos Lobos" (1918) (FREUD, 1918).

Podemos nos perguntar por que essa reviravolta do sentido do termo de *après-coup* em Freud.

Roussillon (2008a) lança a hipótese de que, entre os anos de 1895-1898, Freud não havia desenvolvido o conceito de sexualidade infantil, logo tinha que recorrer à puberdade para compreender o processo de sexualização. Quando é instituída a sexualidade infantil, será o próprio caráter infantil que se torna organizador do sentido dando-lhe de imediato a marca do sexual e invertendo o sentido do *après-coup*.

Na verdade, penso que o que se pode esperar para o desenvolvimento é que experiências infantis sejam de fato remanejadas em função de organizações psíquicas mais tardias e, assim sendo, poderão adquirir uma versão adulta e madura nesse remanejamento.

Sigo com meu raciocínio. Se as experiências da infância se mantêm disponíveis psiquicamente (sem muitas defesas contra elas), vão acompanhar o processo de maturação da criança, evoluem e amadurecem com ela. Entretanto, as experiências marcadas pelo traumático não farão parte da trama da subjetividade. Lançam mão de defesas para recalcá-las ou clivá-las, deixando-as de fora das reorganizações sucessivas operadas pelo processo psíquico.

É estabelecida uma dialética na qual a interpretação do presente é ao mesmo tempo dependente das condições subjetivas anteriores, e por isso podemos pensar no sujeito como fruto de sua história – e, ao mesmo tempo, esse mesmo sujeito não é dependente dela de forma absoluta. Em relação a este último sentido, penso na possibilidade de mudanças que são necessárias e possíveis no desenvolvimento subjetivo do indivíduo, mas que se faz sempre sobre o pano de fundo de sua história.

Qual vai ser o destino das experiências que precedem ao aparecimento da linguagem verbal dentro de um processo evolutivo?

O fato de as experiências precoces não serem inscritas dentro da simbolização da linguagem verbal não as leva serem consideradas desprovidas de índice de simbolização. Por menores que sejam as crianças, são capazes de brincar, e desde muito cedo já brincam de "faz de conta" e se envolvem em atividades cujo valor simbólico é inquestionável. É um engano confundirmos simbolização em geral com simbolização realizada na linguagem verbal, como também tomarmos por simbolização apenas a simbolização secundária. Existe todo um trabalho de simbolização primária, como no caso do brincar e do sonho, que não é atravessado pelo aparelho de linguagem e sim por outras formas de presença e de ação simbólica, como no caso de representações-coisa.

O que Freud (1900) chama de "representações-coisa" implica a ideia de uma forma de representação simbólica que atravessa as coisas. Se uma parte delas é derivada das primeiras sensações e percepções, é necessário sublinhar a importância do registro motor e gestual em sua organização. Por isso, foram chamadas por alguns de *représentactions* (VINCENT, 1986), para ressaltar que são também representações que agem, pois têm suas raízes mergulhadas no campo motor tanto quanto representam ações. Sem dúvida, devo a Roussillon a apresentação desse autor acima referido e da contribuição que traz.

Ao se instalar a linguagem verbal, assistimos progressivamente à transferência de formas de simbolização não verbais para o aparelho de linguagem: nas palavras para nomear sentimentos e emoções, na ligação de experiências com palavras, mas, também, entre as palavras, na estrutura pragmática dos enunciados, na prosódia da linguagem, no estilo e na retórica de sua utilização. Por essa razão, a linguagem verbal não pode se reduzir apenas à representação de palavras; na verdade, é todo o aparelho de linguagem que vai ser mobilizado e as representações de palavras vão se restringir somente a uma parte. Os gestos, a postura, a ação, contidos no registro de representações-coisa, de representações de ações, vão se transferir para o aparelho de linguagem, atribuindo a este o valor de uma ação, de uma postura, de um gesto por meio da linguagem verbal.

"Dizer é fazer" (AUSTIN, 1982); segundo o teórico da linguagem, Austin, dizer é agir, influenciar, agir sobre o outro. O livro de Austin, *Cómo hacer cosas con palabras*, aponta nossa percepção para a produção do discurso além de sua capacidade de comunicação.

Nesse ponto faço uma digressão em minha linha de pensamento, pois me recordo da clínica de Betty Joseph (1992), em que me questionava por que sua pergunta era saber sempre o que o paciente "fazia" com o analista. Vale a pena citá-la: "E o que o paciente diz é, naturalmente, em si mesmo extremamente importante, mas tem de ser escutado também dentro do contexto do que ele faz com o analista" (1992, p. 208). Parecia-me que, para alguns pacientes, tentar descobrir o que o paciente estava fazendo com o analista funcionava muito bem, mas para outros não cabia tal averiguação. À medida que eu percorri esta pesquisa, foi me ficando claro que em pacientes regredidos (Joseph falava em pacientes narcísicos), essas questões tinham lugar e não com pacientes que tinham capacidade de manter um tipo de relação de objeto mais amadurecida. A explicação ganhou clareza quando, ao ser abordada a questão da passagem de formas de simbolização não verbais para o aparelho de linguagem, Roussillon (2008b) esclarece que, por participar de tantas ligações diversas, a linguagem verbal não pode se reduzir apenas à representação de palavras, pois é todo o aparelho de linguagem que está sendo mobilizado, representando as palavras apenas uma parte.

Retomo o raciocínio de Roussillon (2008a, p. 73).

Entretanto, a transferência de representações-coisa para o aparelho de linguagem não se faz de uma só vez e nem mesmo completamente. Na criança, alguns aspectos se colocam mais rapidamente que outros, como no caso da intensidade do afeto ou da ação interna, que podem se transferir facilmente para a intensidade do tom da palavra verbal e nas formas da prosódia. Por outro lado, alguns aspectos mais sutis que necessitam efeitos de estilo só serão postos em marcha durante a adolescência.

Se, no caso da transferência de representações-coisa, o processo for suficientemente caracterizado por êxito, a retomada pelo aparelho de linguagem vai modificar as primeiras formas de expressividade. Vai ocorrer uma retroação da simbolização secundária sobre as formas de simbolização primária. A ligação e a articulação entre os três níveis de linguagem – aquele que passa pelo afeto, o que se apoia sobre as representações-coisa e o que utiliza o aparelho de linguagem –modificam cada um desses níveis. A linguagem apoiada sobre as representações-coisa é modificada pela articulação com a linguagem verbal, mas o afeto, ao ser verbalizado e representado no aparelho de linguagem, não é mais o mesmo que aquele que ficou excluído desse processo e, portanto, restou inarticulável. A ligação do afeto com as representações-coisa modifica tanto um quanto outro. A própria palavra verbal é modificada pela sua ligação com o afeto e com as representações-coisa subjacentes a seus enunciados. É assim que se forma a matriz de expressividade verdadeira do sujeito, por meio dos três modos de comunicação e de representação da vida pulsional e de sua articulação (ROUSSILLON, 2008a, p. 73).

Penso que Roussillon nos conduz para o ponto de maior interesse deste trabalho: o estudo dos aspectos não verbais da linguagem verbal.

> [...] é necessário, sem dúvida, ir buscar os traços das experiências precoces, daquelas que datam da época em que a linguagem verbal não estava ainda à disposição do bebê. É na prosódia, no ritmo, na intensidade das modulações da palavra que é preciso entender seu traço. Também na pragmática, nos efeitos de influência, na retórica, na ação trazida pela palavra é preciso saber o efeito da transferência que elas têm sobre o enunciado (ROUSSILLON, 2008a, p. 73, tradução livre da autora).

Pode-se, assim, concluir que os primeiros registros de trocas de experiências e comunicação não desaparecem com o desenvolvimento da palavra, mas é o tipo de ligação a elas que é modificado, tanto quanto mais se afirma a entrada da palavra com a simbolização secundária.

A concatenação dos registros não verbais e verbais confere um valor e um reconhecimento simbólico suplementar aos registros não verbais. A palavra, juntando-se ao afeto e aos gestos, ganha deles inteligibilidade e valor expressivo.

Quando mencionei acima o ponto de interesse deste trabalho, referi-me aos aspectos não verbais da linguagem verbal. Aproximo-me agora do cerne da questão: aspectos da linguagem não verbal que não foram incorporados ao aparelho de linguagem. Tanto um quanto outro tipo de aspectos, os não verbais presentes na linguagem verbal e os aspectos primitivos da comunicação não verbal, iluminam grande parte de meu foco neste trabalho.

Vale dizer que o caso de Bia se apresenta mais concatenado com os aspectos comunicativos que não foram incorporados ao aparelho de linguagem, portanto, vou me debruçar mais sobre esse tópico, apesar de que, em alguns momentos, os aspectos não verbais, presentes na linguagem verbal, vão se enlaçar no trabalho como um todo.

Já foi mencionado que as experiências subjetivas vividas como traumáticas e que ameaçam a organização psíquica da criança tenderão a estar separadas do movimento integrador, seja por recalque ou clivagem e constituirão pontos de fixação. Roussillon nos diz de outra maneira:

> [As experiências subjetivas traumáticas] tendem a estar submetidas à compulsão, à repetição e, portanto, a ser reativadas segundo o "idêntico" e vir ameaçar de novo a integridade psíquica. Elas tendem então a infiltrar o presente do sujeito e a infletir sobre a abordagem subjetiva deste através de suas formas próprias. (ROUSSILLON, 2008a, p. 74, tradução livre da autora).

Quanto mais as experiências subjetivas traumatizadas forem precoces, mais irão ameaçar um eu imaturo, e mais irão tender a ser reativadas tal e qual, segundo uma modalidade de "identidade de percepção" mais próxima das condições em que foram registradas. O psiquismo irá mobilizar formas de defesa contra seu "retorno" e o retorno de sua reativação, sua reatualização. Mas no trabalho de elaboração clínica é possível que o sujeito possa ir relaxando suas defesas e deixe voltar os traços de experiências precoces sob forma amplamente aparentada àquela da época de seu registro.

Agora, então, quando esse processo tem início é que se coloca a questão da "conversa primitiva", quando os modos de narração não verbais vão implicar um ajuste da escuta. Algumas vezes, esse material de "retorno", em forma de sensação ou presença de percepção, poderá ser entendido como uma defesa contra a evocação de material representativo. Pode ser essa uma maneira de trabalho de levar em conta somente a parcela da representação secundária. Entretanto, é perder outro nível de acesso ao material que pertence à outra ordem representacional. Assim, os atos, as posturas, os gestos, as percepções e sensações estariam desconsiderados e não poderiam contribuir para um apurado refinamento da escuta do analista e seu trabalho com o paciente.

Roussillon (2008a, p. 75) diz que o objetivo dele é chamar a atenção sobre tipos de manifestações sobre as quais é desejável pensar na hipótese de uma experiência precoce que venha fazer parte da conversa atual da transferência.

Será, principalmente, a partir do corpo e de suas manifestações que as formas da "conversa primitiva" irão tender a se manifestar: na expressividade do corpo, na expressão de afetos, de gestos, de mímicas e nas posturas, mas, também, no registro propriamente sensório-motor e no campo somático. A experiência subjetiva não se diz somente "em palavras", ela se diz também "no corpo". Se uma palavra ficar sem o acompanhamento expressivo do corpo que a sustenta, além da voz, deixa uma impressão de monotonia, ou mesmo de falsidade. Esse é um dado que será mais adiante trabalhado no caso de Bia (ver página 184).

O corpo conta, o gesto é narrativo, contando a história da experiência subjetiva, o que, às vezes, a voz não pode dizer, o que o sujeito não pode formular. Ele mostra aquilo que o sujeito não vive por si mesmo, faz o sujeito sentir o que ele não pode nem ver, nem sentir de si mesmo, aquilo que está clivado da consciência reflexiva, pois nunca lhe foi refletido por seu "ambiente-mãe" em tempos iniciais.

O primeiro registro de expressividade é o do afeto, de formas de afeto, principalmente das formas rudimentares do afeto. A sensação somática é muito mais infiltrada de turgidez alucinatória do que habitualmente se denota; são alucinações que trazem traços de experiência primitivas conservadas num estado de percepção e reatualizadas em "identidade de percepção". A alucinação e a percepção não se opõem; elas podem se conjugar e uma alucinação pode utilizar o vetor de uma percepção para se atualizar: é a condição da qual Winnicott (1975) se serviu para criar sua noção de encontrado-criado.

Na sexualidade adolescente e adulta encontramos numerosos traços de herança das relações precoces do "corpo a corpo". Entre a experiência corporal do bebê e a sexualidade adolescente, diversos pontos podem se relacionar, e uma grande parte das dificuldades na sexualidade do adolescente encontra-se relacionada à maneira como foi experimentada sua própria maternagem. A sexualidade como comportamento, como ato sexual, parece ser um dos lugares escolhidos para se reapresentarem formas de "memórias" e "retorno" de experiências precoces.

A expressividade corporal, a expressividade do rosto, os gestos corporais, posturas e tonicidades corporais fazem parte do registro de expressões privilegiadas dos bebês e da primeira infância. Mas esses elementos não vão estar ausentes das expressões do adulto, embora acompanhem-nas, apenas, como simples índices (ROUSSILLON, 2008a, p. 80).

Freud (1925) já se referira, em seu artigo "A negação", aos primeiros processos de "julgamento" e à ancoragem corporal que um tal gesto significa: "Isto eu não quero comer" ou "Quero cuspi-lo". O virar da cabeça ou do olhar para anular a existência de um objeto desagradável pertence ao mundo mágico da primeira infância, que nos informa sobre a recusa de apropriação subjetiva primária nos limites entre o corpo e o eu. Todos esses gestos pertencem ao mundo da comunicação mais primitiva, às primeiras formas corporais do processo de julgamento, mergulham seu sentido na organização subjetiva das mensagens da primeira infância, mesmo que possam aparecer em estratégias de defesa do adulto.

As posturas são também "muito falantes". Elas contam uma posição subjetiva, uma posição do ser; elas contam a história da posição adotada pelo eu diante do objeto, a história de seus medos e de suas arrogâncias, de seus desafios ou submissões, mas, também, as respostas do objeto a suas mensagens; elas contam "as conversas" entre sujeito e objeto. Muitas são as situações na clínica em que observamos o quanto da postura interna vai estar contida nessas posições: a maneira como o sujeito anda, o peso que ele põe em seu corpo transformando-o em um saco de batatas, ou o barulho que ele faz com os pés ao subir escadas, a maneira como ele deita no divã encurvado, todo reto, com sapatos, sem sapatos e assim por diante.

O que nos interessa nesse tópico mimo-gesto-postural é saber discriminar quando um acompanhamento mimo-gesto-postural dá um colorido à palavra ou quando vem a ser uma intromissão das experiências precoces do período não verbal, experiência traumática, que retorna em sua roupagem original, em sua linguagem de "retorno".

O campo motor não goza de boa reputação no mundo psicanalítico, nos diz Roussillon (2008a, p. 80), e segue considerando que, sem dúvida, é possível compreendermos essa situação, pois as condições ligadas ao tratamento analítico pressupunham uma restrição da motricidade para que houvesse uma transferência do campo motor para o campo da linguagem.

Continua com sua colocação sobre os atos: os atos são em geral considerados perturbadores do processo analítico, já que são vistos como formas de descarga. De fato, o que chamamos de "passagem ao ato" apresenta um tipo de solução a um tipo de conflito psíquico que tende a escapar à elaboração. O que acontece é que muitas vezes esse tal sujeito que "atua" não tem outros modos psíquicos de transformar seu sofrimento, mas não podemos generalizar e chamar a todos os atos de "passagem ao ato" (ROUSSILLON, 2008b). Roussillon (2006, p. 198), em outro trabalho, já tinha mencionado a importância de tomar o significado do ato em relação ao interlocutor para o qual o ato estaria endereçado, permitindo arranjarmos diferentes níveis de atos. Roussillon (2008b) faz uma ressalva de que é necessário diferenciar a "passagem ao ato", em que os aspectos evacuativos estão em primeiro plano, mesmo que não sejam totalmente exclusivos, daqueles conhecidos como "passagem pelo ato", nos quais o ato aparece como uma experiência apoiando o desenvolvimento e a integração de certas experiências subjetivas.

Entretanto, o ato tem um lugar bastante particular na clínica de crianças: a motricidade ganha um lugar especial; vai se colocar a necessidade de diferenciar de forma mais aguda nos registros do campo motor quando a simbolização estará a favor deste ou obstruindo seu campo.

No mundo da infância, sobretudo da primeira infância, a simbolização se apoia no sensório-motor, daí a necessidade de brincar dramatizando, "atuando". Se uma criança apenas imaginasse sua brincadeira, sem colocá-la em prática, essa criança estaria muito doente. Alguns processos não podem ser interiorizados se não passarem primeiramente por um processo de "colocação em cena", para adquirir então valor transicional.

Racamier propôs chamar a esses processos de "atos falantes" (1990, p. 1177), mas Roussillon (2008b) considera que melhor seria chamá-los de "atos simbólicos", pela influência contida na primeira denominação, "atos-falantes", do atributo "falantes" e da importância de se chamar a atenção para o sentido da ação e não da fala.

Roussillon contempla a ideia-chave sobre os atos quando diz:

> Diante de todas as formas de expressões não verbais que eu exploro neste trabalho, a passagem pelo ato é potencialmente um fator de simbolização; seu vir a ser efetivo vai depender estreitamente da maneira pela qual ele será interpretado por aquele ao qual o ato se dirige, ou aquele que se sente interpelado pela sua ação. (ROUSSILLON, 2008a, p. 81, tradução livre da autora).

Roussillon (2008b) finaliza sua abordagem sobre as formas de expressividade não verbal tirando uma conclusão geral, que pode ser aplicada a todas as formas que levantou em seu trabalho: o sentido não é inerente à expressividade, ele é potencial, virtual e só se concretiza no encontro com o outro, na intersubjetividade. Uma das características desse modo de conversa primitiva é o fato de não ser assertiva; seus determinantes não são dados em si próprios, apresentando-se como virtualidades significantes para alcançarem pleno sentido mediante a resposta do outro.

Lembrei-me de que talvez Winnicott (1975) tenha mudado o nome dado ao espaço transicional, de transicional para potencial, pois sua marca também de virtualidades propicia a criação de novos sentidos.

Roussillon auxilia-me nesse estudo afinado a respeito das comunicações arcaicas que tão bem poderiam ser articuladas com o caso de Bia. Comecei a pensar: até que ponto aquilo que Bia expressava não seria uma deformação ou uma degradação de mensagens endereçadas a seu ambiente, num tempo remoto? Como não foram compreendidas como narrações nas inúmeras tentativas, seu valor protossimbólico potencial foi se perdendo ao longo do tempo, transformando-se agora em linguagens do ato e do corpo. Não fora realizado o processo de simbolização primária.

A "boneca de pano vazia" – citada no item "Onde está o fio da meada?" (página 45) – que eu vira à minha frente era a linguagem corporal por meio da qual Bia se comunicava naquele momento comigo: ela não tinha nada, ela era um nada.

Reflexões sobre a sonoridade da voz no campo transfero-contratransferencial
As diferentes vozes de Bia

O estudo sobre a comunicação primitiva abriu-me portas, permitindo-me aprofundar no aspecto verbal sonoro da voz de Bia. O que me chamava atenção era a diversidade de entonações pelas quais se manifestava sua voz retinindo em mim, e instigando-me a procurar saber a quem ela dava voz. Ao longo do tempo, fui aprendendo a distingui-las umas das outras.

As primeiras formas de contato com Bia tinham sido basicamente não verbais, através do corpo, do ato, do delírio. Depois de um tempo, a linguagem verbal emerge na sessão: ora monossilábica, ora pastosa, num único tom, sem nenhuma modulação.

Mesmo porque, no começo do trabalho, Bia encontrava-se delirante, seu discurso era incompreensível e eu mal era incluída de forma manifesta no contato com ela. Com o correr do tempo, chegam as vozes "imitativas" e, bem aos poucos, vai se configurando uma voz modulada de uma menina que naquela altura já tinha 10 anos.

Entretanto, a voz modulada não tinha vindo para ficar, desaparecia atrás da voz de "taquara rachada" cada vez que Bia não estava bem. Como, também, se ela estivesse mais agitada, poderiam ocorrer as vozes de "imitação".

Mas havia um momento em que Bia surgia através de uma voz fininha: na sala de espera, ao responder com tédio às questões propostas pela mãe:

– Conte para a Doutora que no fim de semana a galinha teve 9 pintinhos!

E Bia respondia numa vozinha mecanizada:

– Sim, mamãe.

Ao sair da consulta, lá vinha a mãe dizendo:

– Você não vai dizer até logo para a Dra. Eliana?

– Até logo, Dra. Eliana.

Era a resposta robotizada da menina. Apenas um falso-*self* de voz fininha respondendo às normas de educação intrusivas da mãe podia ter lugar naquele emaranhado de brigas do mundo de fabulação de Bia. Minha suposição era que esse "falso-*self*" tinha sido a maneira que ela encontrara para continuar unida à mãe, falando o que esta queria escutar, e quando não, permanecia alheia e distante, encerrada em seu mundo (eu-mãe), que se apresentava ruidoso quando o delírio tomava conta dela. Em outros momentos Bia era um fantasma ambulante que adquiria apenas o contorno de seu corpo na pessoa e na fala da mãe, à moda de um "objeto – subjetivo", segundo Winnicott (1990c). Entretanto, a simetria entre Bia e sua mãe já não era mais perfeita!

Até esse ponto meu conhecimento chegava, conseguindo identificar quando seu estado emocional era propício ao contato ou não, de acordo com o tom, a intensidade, a modulação de sua voz. Sem dúvida, outros indícios concorriam para me dar essa "apreensão súbita", como sua postura, sua gesticulação. Como nesse caso específico faço um recorte da voz, como foco de reflexão, deixarei à margem os demais elementos da comunicação, que estavam também presentes, na inscrição do quadro vivo da sessão.

A primeira sequência de vozes, expressas por Bia em sessão, que consegui captar e dar uma interpretação se apresentava por meio de três vozes com diferentes entonações e timbres. As três falavam para Bia (é sempre a própria Bia falando) algo relacionado a uma reprimenda contra ela, num determinado tom afetivo, numa certa entonação própria de cada uma das vozes.

Bia está sentada comigo na mesa da sala de ludo quando diz: "Onde já se viu depois de tanto esforço, uma bobagem destas?" Sua voz é imperativa, mandona e metálica.

Dali a pouco, levanta e abaixa a cabeça dizendo: "Coitadinha, coitadinha!"

Agora sua voz é imitação de uma voz grossa e o tom é de penalização, já informado pelo próprio conteúdo da fala. Digo:

– Primeiro, você fala igual a sua mãe te dando bronca e ficando brava com você. Depois, você me fala igual a seu pai, que parece que fica com pena de você. E você, como é que fica com tudo isso?

Bia continua balançando a cabeça, começa a dar risada espontaneamente, e diz: "*Señora Mía, que maldición... no alcanza.*" Sem dúvida, era sua *abuelita* dramática espanhola, a qual para tudo invocava a *Señora Mía*. Eu perguntei, então, se ela ficava como a avó, enganchando essa pergunta à associação que ela traz com a avó em conexão à minha primeira colocação, "E você, como é que fica com tudo isso?"

Foi a primeira vez que claramente percebi Bia numa "linguagem endereçada" a mim, situação que ela também viu que eu vi. Cabe aqui muito bem a ideia de Roussillon quando diz: "A cena conta 'para' esse espectador, sendo novamente aqui 'mensagem endereçada' a um outro, 'tomado como testemunha' daquilo que historicamente prescindiu do olhar do outro" (ROUSSILLON, tradução livre da autora).

Os primeiros elementos da comunicação, sejam através do afeto, sejam das representações-coisa, característicos do período infantil arcaico até os 18 meses, vão ao longo do processo de maturação sendo absorvidos pelo símbolo palavra, regente supremo da comunicação humana. Entretanto, as formas não verbais não devem desaparecer, passando a integrar um pano de fundo da palavra símbolo, compondo sua melodia, sua prosódia, sua retórica, sua pragmática, marcando presença significativa na linguagem poética, na música, na escrita, na dramaturgia. A linguagem do gesto, da ação, do afeto, todas inscrevem vida, movimento, calor, cor, em meandros que permeiam e compõem as palavras, legando o toque final e inicial no sentido de torná-la palavra viva, o que explica muito bem que a matriz de expressividade do indivíduo irá se entretecendo a partir dos três tipos de linguagem (afeto, representação-coisa, palavra), mas o que irá dar sua boa concatenação é a maneira de elas se harmonizarem umas com as outras.

Segundo Freud (1915), terá que ser feita uma tradução ao aparelho de linguagem dessas experiências arcaicas infantis não verbais para que fique assegurado o sentimento de continuidade da vida psíquica. É um trabalho que leva tempo, pois acompanha o processo de maturação do aparelho de linguagem, que tem início no segundo ano de vida da criança para se completar apenas na adolescência. É quando, então, terá lugar a presença de linguagens arcaicas nos efeitos de estilo, ou "entre palavras", sempre no sentido do que é mais corporal e menos linguístico.

De volta às sessões de Bia, mais e mais foi se tornando claro que Bia mostrava um aspecto, expresso em sua voz denotativa de condições de imitação, próprias de um período não verbal, quando a criança lança mão da imitação como recurso mental.

A sessão que se segue diz respeito à ocorrência de três tipos de vozes diferentes, de acordo com os respectivos estados emocionais de Bia durante uma mesma sessão. Bia já estava em tratamento havia dois anos, e estava em franco progresso: começava a brincar de escolinha comigo, inclusive preparava "minhas lições" em sua casa para serem feitas na sessão por mim (sua aluna).

Recortes de sessão: sessão do paradoxo à luz das diferentes vozes de Bia

Antes de entrar na sala de ludo, Bia mata pernilongos no banheiro. Esse procedimento já vem vindo de um mês para cá, como se fosse uma purificação do nosso encontro, para que o contato permanecesse sem danos nem agressões.

Está continuando o movimento de me dar lições de números, só que fica um pouco aflita, pois não achou o caderno com as lições que tinha me preparado em casa. Nesse momento, usa seu corpo como palco da busca infrutífera do material e da visível frustração que a ameaça: mexe muito o corpo levantando e abaixando, abre e fecha a mochila, bate a mochila na mesa, põe as mãos na cabeça, e entre dentes grunhe: "onde está?"

É uma dança corporal, que, à moda de um biombo, esconde o resto da figura de Bia. Apenas sai lá de dentro um rangido: "Perdi, perdi!"

Os dentes cerrados seguravam a raiva, mas não o suficiente para detê-la no acelerado do corpo. Pressenti que ia acontecer o pior: um "tsunami" em volta de mim. Não era a primeira vez que eu era assaltada por uma respiração ofegante, desorientada dentro do meu corpo. Era como se eu tivesse que respirar fundo, tomar ar, muitas e muitas vezes, até me sentir numa sintonia tranquila comigo mesma. Aí pude dizer: "Bia... e... não podemos inventar outra lição aqui mesmo?"

Quando estou descrevendo minhas sensações corporais, vale dizer que não são comportamentos externalizados, fazem parte de um silêncio do corpo que ganha esse tipo de vivência no plano do sensório. (Este trabalho se constitui na simbolização primária – item a ser tratado no próximo capítulo).

Bia resolve então perguntar-me se eu tinha uma receita de alguma coisa de baunilha. Digo que sim, e pergunto-lhe se gosta de pudim de baunilha. Ela me responde que sim. Dirige-se à lousa e me diz como uma professora:

– Escreva: pudim de leite... pudim de leite... – É a voz monocórdia, semipastosa que anuncia ou o delírio, ou que está ficando distante.

Em seguida, abaixa um pouco a cabeça e fala mais rápido e baixo, a voz muda de tom, mas agora, é sua própria voz:

– Tem uma parede, essa parede está caindo e atrás da parede tem um buraco escuro e os mortos vão para lá, pode ser morte por tiro, por doença incurável, por outros motivos, ele... ele era pequeno e tinha ido para lá (tenho a impressão que fala do irmão), o tio Paulo quando morreu também foi para lá e eu não era assim a Bia, depois é que eu fiquei a Bia.

Tenta retomar o pudim de baunilha, mas não consegue, a força do delírio é maior.

Digo:

– Essa parede vai cair? E que tal se puxássemos você para o lado de cá?

Faço um desenho na lousa: a parede caindo, o buraco negro e Bia, que através de uma flecha desenhada, transporto em minha direção.

Faço também um movimento de corpo. Ela me fita nos olhos e diz:

– Não, Dra., não quero que você fale nisso. Não existe buraco nenhum. Não existe nada disso.

A voz é sua, firme, contundente. Está brava comigo. Diz que vai sair e vai fazer o lugar dela na outra sala. É visível sua irritação, mas o descontrole de outras vezes não está presente.

Esse movimento meu de desenhar na lousa o que ela havia me dito e o meu corpo fazendo o gesto de puxá-la para mim foi instantâneo e até certo ponto intuitivo. Pensando mais tarde, poderia trazê-la para a atividade representacional e a interpretação poderia ser algo assim:

"Você, quanto mais melhora e toma conta do que é seu, fica também mais perto de tudo que você acha que destruiu e colocou no 'buraco negro', ficando com medo e não podendo mostrar pra mim". O trabalho com ela anterior já tinha me mostrado que esse tipo de interpretação não produzia eco algum.

Tenho em meu trabalho terapêutico procurado ir para o lugar psíquico onde creio que a ruptura psíquica tenha ocorrido. Através do desenho, estabeleço uma imagem que é mais fácil de ser apreendida do que palavras e, ao mesmo tempo, cria uma certa distância do paciente, funcionando como uma tela projetiva. O meu uso do corpo é para dar à paciente a força de minha participação junto a ela, no sentido de uma ligação satisfatória, confiante, que não demande a criação delirante e a instauração do falso-*self*. Essa linguagem corporal é mais próxima da criança e pode introduzir a relação com o analista como uma nova relação de objeto em seu universo emocional.

Se nos deixarmos penetrar pelas diferentes vozes de Bia ao estar procurando "minha lição" (um objeto transicional que se esboçava entre nós): não a tendo encontrado foi se transtornando, suas falas transformando-se em monossílabos onomatopeicos, acompanhados pelo ritmo agitado do corpo, denotavam o nível de raiva à frustração, ao desamparo expressos na regressão vocal. De fato, grunhe como um porquinho e depois rosna como um cão.

No momento em que pode restabelecer seu contato comigo, perguntando-me se eu teria alguma receita de baunilha, aparentemente tinha se "conformado" com a perda da lição, ao iniciar a ditar de pé na lousa, na postura de professora, diz: "Escreva pudim de leite...". É o momento de sua voz ter ficado pastosa, ao cometer um ato falho, não era pudim de leite e sim pudim de baunilha que havia pedido, mas daí em diante não consegue mais retomar.

De volta à sessão, Bia se dirige para o quarto contíguo e fico onde eu estava. Dali a dois minutos ela me chama: "Venha, Dra.". Sua voz é amistosa, se assim posso chamar. Vou a seu encontro.

Bia pede:

— Me ajude a fazer uma casa para nós duas.

Ao que eu respondo que sim, enfatizando o nós duas.

Bia diz:

— É. Agora você ficou boazinha antes você tinha ficado chata.

Entramos na casinha as duas e ficamos sentadas lado a lado. A passagem do atributo chata para boazinha dirigida a mim deu-se num tempo bem mais rápido do que lhe era habitual, e o espaço onde cria sua casinha também é contíguo (sala) àquele onde o delírio tinha se manifestado.

O trabalho da casa é feito com isopores, e daquela base bidimensional onde estávamos sentadas as duas, pegamos outros pedaços do mesmo material para levantar as paredes e de fato se tornar uma casinha tridimensional, até mesmo com telhado. Essa ideia tinha sido minha e Bia logo executa a sua ideia.

Coloca um cartaz: "Atenção meninos e meninas, não mexam. Esta casa pertence a Dra. e a Bia". Era um construir juntas com as ideias entrelaçadas de uma e de outra. Ressoava em mim a vivência de deixar as "invenções" rolarem... Nada era só de uma ou de outra. Estávamos participando de um fenômeno transicional.

Nessa sessão, Bia conseguiu materializar sob a forma da casinha um objeto transicional, primeira posse não eu, e ir abrindo um caminho para os fenômenos transicionais, para o pensar paradoxal. Tenta impedir minha entrada em seu delírio, que me parecia a expressão de seu lado agressivo, cego e sombrio, entretanto Bia não podia mais negar que a parede estava caindo! O lado de lá (buraco negro) não estava mais separado pela parede.

Bia não grita comigo, verbaliza sua indignação com raiva, mas com firmeza.

Aceito o que diz e fico pensando se eu teria me adiantado em minha tentativa de entrar em contato com seu delírio. Era difícil criar uma ponte entre o delírio e uma situação de confiança na relação comigo. Bia deveria ter me sentido intrusiva pelo tipo de reação que tivera: "Nunca mais fale nisso Dra., buraco negro não existe". Queria continuar com o delírio afastado de seu psiquismo, era a maneira de ter a situação emocional sob controle. Como não a contesto, somente me coloco no aguardo, Bia pôde retomar comigo a ruptura que tinha havido na sessão, e em algum momento de sua vida.

Era um esboço, ainda, um apagado delineado do paradoxo que Bia experimentava.

Após a reprimenda que eu levara e seu afastamento físico de mim, me convida para construir uma casa com ela para nós duas. Além de a casa representar um continente onde se vive, essa possibilidade materializada permitia albergar sua raiva, que agora podia continuar num espaço reconstruído com sentimento amistoso do fazer junto. Ambos sentimentos podiam propiciar a Bia a continuidade de seu ser, que também se expressava na construção da casinha. Bia fica animada com o levantamento das paredes e o trabalho feito por nós duas, enquanto eu tinha a vivência de que algo muito precioso e delicado estava tomando forma. Percebo-me, novamente, nessa hora, respirando com muito cuidado, e em seguida compreendo que era o receio de que o meu respirar pudesse derrubar "toda nossa construção".

Fui conduzida por esse desafio da voz de Bia a investigar quais seriam os referenciais que poderiam dar suporte à minha pesquisa.

Roussillon já tinha aberto a trilha inicial de meu estudo sobre a comunicação precoce, introduzindo a presença de sinais de sentidos, linguagens de afeto, linguagem gestual e de ação na relação mãe-bebê.

Para um estudo mais detalhado sobre o som e a voz, pude me servir de um belo trabalho de Anzieu (1976) sobre o "O envelope sonoro do si-mesmo".

Contribuição técnico-teórica sobre a sonoridade primitiva

Inicio, portanto, com ele minhas reflexões sobre os diferentes sons da voz de Bia.

A partir de seu livro bem conhecido, *O Eu Pele* (1988), Anzieu delineia um importante conhecimento sobre o "eu": sua constituição como um envelope continente, como barreira protetora, como filtro de trocas advindas de sensações epidérmicas, proprioceptivas, além de internalizações constituídas por identificações de pele.

Anzieu (1988) propõe dar um passo atrás e averiguar a constituição do si-mesmo como conjunto psíquico, pré-individual dotado de um esboço, de uma unidade e de uma identidade. É um acontecimento anterior ao estabelecimento das fronteiras, dos limites e de um espaço do "eu". Evoca a noção de Lacan (1949) sobre o estádio do espelho onde o "eu" se constitui como "outro" sobre a imagem especular do corpo inteiro unificado, e a de Winnicott (1975), ainda numa fase anterior, na qual o rosto da mãe fornece o primeiro espelho ao bebê, propiciando a constituição de seu *self*, a partir daquilo que ela lhe reflete.

Enquanto Lacan e Winnicott buscaram apoio para suas referências teóricas nos sinais visuais, Anzieu (1976) propõe colocar em evidência a existência, ainda anterior, de um espelho sonoro, ou de uma pele fono-auditiva com função de aquisição, por intermédio do aparelho psíquico, da capacidade de significar e de simbolizar.

Anzieu (1976) nos convida a uma digressão sobre o conhecimento da audição e da fonação enquanto fatos estabelecidos na vida do *infans*. Lança mão desse recurso, pois todos esses dados encaminham a uma mesma conclusão: o bebê está ligado a seus pais por um verdadeiro sistema fonoaudiológico de comunicações; a cavidade bucofaríngea enquanto produtora de formadores indispensáveis à comunicação encontra-se desde muito cedo sob o controle da vida mental embrionária, ao mesmo tempo em que joga um papel essencial na expressão das emoções.

Além dos ruídos específicos de tosse e das atividades de alimentação e digestão, o grito é desde o nascimento o som mais característico emitido pelo recém-nascido.

A análise física de parâmetros acústicos permitiu ao inglês Wolff (1963 e 1966) diferenciar num bebê de três semanas quatro gritos estruturalmente e funcionalmente distintos: o grito de fome, o grito de cólera, o grito de dor externa ou visceral e o grito de resposta à frustração ao ser retirado do seio quando está mamando ativamente.

Todos esses gritos são puros reflexos fisiológicos que induzem nas mães querer diferenciá-los para saber como detê-los. A partir do final da segunda semana, a mãe consegue através de sua voz deter o grito do bebê, recurso melhor do que qualquer outro som ou presença visual do rosto humano. Na quinta semana, o bebê diferencia a voz materna de outras vozes, apesar de não diferenciar o rosto materno de outros rostos. Assim, no final do primeiro mês, a criança começa a ser capaz de decodificar o valor expressivo das intervenções acústicas do adulto. Essas são as primeiras reações circulares do bebê, que se apresentam muito antes daquelas que dizem respeito à visão e à psicomotricidade.

Anzieu (1976) prossegue compilando dados relativos aos sons emitidos durante o primeiro ano do *infans*. Entre três e seis meses, o bebê está em pleno balbucio, brincando com os sons que emite. De início, são cacarejos, trinados, em seguida ele se exerce em diferenciar, produzir e fixar intencionalmente aqueles fonemas que farão parte de sua língua materna.

O que é certo é que, por volta dos três meses, após a maturação da fóvea, a reação circular viso-motora se instala, permitindo à mão da criança ir na direção da mamadeira e da voz materna. Já que nesse momento, ele só consegue repetir gestos que ele próprio se vê fazer (portanto, das extremidades de seus membros), a imitação é bem mais diversificada no plano fonoaudiológico: em seu balbucio o bebê imita o que escuta do outro, tanto quanto de si mesmo; aos três meses, por exemplo, aparecem os gritos contagiosos.

Anzieu (1976) propõe ressaltar duas experiências que corroboram para demonstrar que a capacidade mental se exerce com anterioridade sobre o material acústico no desenvolvimento da criança. Uma delas confirma que a criança possui uma riqueza perceptiva superior à capacidade de emissão fonética, o que se torna visível alguns meses mais tarde com a primazia do desenvolvimento da compreensão semântica em relação à locução. (Para os que se interessam sobre essa pesquisa remeto-os a Caffrey, 1967 e Moffit, 1968).

O segundo exemplo baseia-se no experimento de Butterfield (BUTTERFIELD, *apud* ANZIEU, 1976, p. 169): no horário da mamada, bebês de alguns dias, sugam mais ativamente um bico de mamadeira musical do que o bico do seio da mãe.

Depois de terem sido saciados na mamada, alguns "sujeitos" preferiam escutar uma música clássica ou popular ou mesmo uma melodia cantada. Depois de alguns exercícios desse gênero, os bebês adictos às melodias tornaram-se capazes, uma hora antes da refeição e bem despertos – quer dizer, independentemente da gratificação alimentar –, de controlar o andamento e a parada das músicas registradas na mamadeira vazia colocada à sua disposição. Esse trabalho confirma a teoria de Bowlby (1990), segundo a qual uma pulsão primária de *attachment* funciona simultaneamente com a pulsão sexual oral e independente dela.

Munido desses dados, Anzieu (1976) afirma que hoje em dia é necessário fazer uma correção de resultados, legados por Wallon (1995), autoridade sobre o assunto na França durante mais de meio século, que sustentava que as diferenciações entre os gestos e a mímica estariam na origem da comunicação social e da representação mental. Existe um *feedback* ainda anterior dado pelo bebê a seu ambiente, de natureza fonoaudiológica: gritos, seguidos por vocalizações (com analogias funcionais e morfológicas patentes entre os dois) constituem a primeira aprendizagem de condutas semiológicas. Portanto a aquisição do significado pré-linguístico (gritos e sons do balbucio) precede a aquisição do significado da mímica e dos gestos.

Anzieu (1976) acredita que o desenvolvimento da função linguística e o começo da apropriação, pela criança, do código da língua materna, durante o segundo ano, exigem tolerância das diferenças entre a comunicação vocal e a comunicação gestual, e conseguir ultrapassá-las na constituição de uma estrutura de simbolização de nível mais complexo e abstrato. De fato, o primeiro problema colocado à inteligência nascente é a possibilidade de diferenciar os vários ruídos do corpo, dos gritos, dos fonemas, que levam os fonocomportamentos a constituírem, ao longo do primeiro ano de vida do bebê, o primeiro fator de desenvolvimento mental. Nenhuma criança se autoestimula apenas ouvindo a si mesma. O ambiente joga papel preponderante nesse processo, preparando o volume e a qualidade do banho sonoro no qual a criança será imersa.

Muito antes do olhar e do sorriso da mãe poder, durante o aleitamento, devolver à criança uma imagem de si visivelmente perceptível, a qual ela interioriza, para reforçar seu si mesmo e esboçar o seu eu, o banho melódico da voz da mãe, suas canções, a música que ela coloca para ser ouvida, disponibilizam um primeiro espelho sonoro que a criança usa primeiramente para seus gritos (acalmados pela resposta da voz materna), depois para seus arrulhos e, finalmente, para seus jogos na articulação de fonemas.

Segundo Anzieu (1976), a mitologia grega quase toda conheceu o inconsciente, não lhe escapando, portanto, a imbricação entre o espelho visual e o espelho sonoro na constituição do narcisismo. A lenda da ninfa Eco não se liga por acaso à de Narciso. Os pais de Narciso foram consultar Tirésias para conhecer o destino de seu filho. O adivinho disse que Narciso teria vida longa se não se olhasse. Ao crescer, Narciso suscitava, em numerosas ninfas e jovens, paixões, diante das quais ele se mostrava insensível. A ninfa Eco fica apaixonada por ele e, também como as outras, não recebe nenhuma atenção de Narciso. Eco, desesperada, se retira para dentro de sua solidão, onde começa a emagrecer.

De sua pessoa evanescente resta apenas uma voz que geme, que repete as últimas sílabas das palavras pronunciadas. Durante esse tempo, as moças humilhadas por Narciso conseguem de Nemesis uma vingança.

Após uma caçada num dia muito quente, Narciso inclina-se em uma fonte para se refrescar, quando, ao perceber nesse momento sua imagem tão bela, se apaixona por si mesmo para sempre. Em simetria com Eco e sua imagem sonora, ele se retira do mundo apenas se debruçando sobre sua imagem e se deixando morrer. Mesmo na passagem fúnebre sobre o rio Styx, ele ainda vai tentar distinguir seus próprios traços.

Essa lenda marca a antecedência do espelho sonoro sobre o espelho visual, assim como o caráter primariamente feminino da voz e a ligação entre a emissão sonora e o pedido de amor. Mas fornece também os elementos de uma compreensão patogênica: se tanto o espelho sonoro como o espelho visual direcionarem o sujeito para si mesmo, seu pedido, na tristeza (Eco) ou na procura pelo ideal (Narciso), terá como resultado a desunião pulsional liberando as pulsões de morte e lhes garantindo um primado econômico sobre as pulsões de vida.

Anzieu (1976) nos reconduz à clínica, lembrando-nos como é fácil reconhecer a mãe de um esquizofrênico que, através de sua voz mergulha o médico ou psicólogos consultados em um certo desconforto: voz monocórdia (mal ritmada), metálica (sem melodia), rouca (com predominância dos graves, que favorecem na pessoa que escuta a confusão dos sons e o sentimento de uma intrusão dos sons graves). Uma voz que se apresenta dessa maneira perturba a constituição do si-mesmo: o banho sonoro não consegue ser envolvente, tornando-se desagradável.

Tanto o espelho sonoro como o espelho visual são estruturantes respectivamente para o si-mesmo e para o eu, mas somente na condição de que a mãe expresse para a criança alguma coisa dela e dele, uma por vez.

Ao me debruçar sobre esse conhecimento trazido por Anzieu sobre o envelope sonoro na composição do si-mesmo, penso em fazer algumas ligações com as vozes imitativas de Bia.

A história de maternagem de Bia, contada por sua mãe, tinha sido das mais acidentadas. Ela viera de outro estado do Brasil para São Paulo, indicada para alto posto dentro da empresa internacional onde trabalhava. Dizia estar atingindo seu grande sonho! Sua vida amorosa tinha sido pobre diante de sua riqueza profissional, que granjeara todo o espectro de sua vida.

Engravidara de homem estrangeiro, mais moço e de nível sociocultural diferente do seu. Não era o companheiro que desejara e nem o futuro pai de seus filhos! Do mesmo jeito que tinha enlaçado seu trabalho, agora sua direção voltava-se para a rota familiar. Mas o sucesso que tivera com estatísticas e números não mais lhe atingia: apenas insatisfações e perdas. A filha tinha-lhe roubado o grande destino, sendo o pai seu cúmplice. A vida tinha lhe pregado uma grande peça... Assim era o ressentimento dessa mãe.

A criança chorava muito no primeiro ano de vida: dia e noite. Ninguém aguentava. O pai era ausente; entretanto, quando chegava, queria atenção da mãe. A mãe não sabia se atendia ao bebê ou a ela própria, que a essas alturas também começava a se deprimir.: tinha perdido seu sonho, estava longe de sua cidade, e agora... com tantos choros incontroláveis.

Qual teria sido a voz que Bia escutou?

Sem dúvida, uma voz mais preocupada com o desempenho das tarefas com a criança do que com o seu corpo como objeto de amor. Só existe o externo: está frio ou quente, está limpo ou sujo. Diante dessas preocupações, o que será dito ao bebê segue o mesmo refrão. O si-mesmo de Bia já teria começado desde muito cedo a não conseguir se assegurar de si-mesmo. Com certeza, a mãe de Bia devia falar a si mesma diante da criança, mas não sobre a criança, em voz alta ou no mutismo da voz interior, mas, nesse banho de palavras ou de silêncio, apenas faz com que a criança vivencie que ela não é nada para a mãe.

Era curioso que a voz da mãe de Bia também chamava atenção por sua tonalidade de um "bebê chorando" ao estar deprimida, ou numa situação sob controle, a voz de mando metálica era a que se impunha. Bia parecia que aprendera a copiar a voz metálica e, até certo ponto, compreensível, pois era a voz de força, de poder, usada no confronto e no desafio com a própria mãe.

Capítulo 2

SIMBOLIZAÇÃO PRIMÁRIA

Discussão teórica

O título de "simbolização primária" dado a este capítulo corresponde ao conceito teórico ao qual penso ter recorrido em meu trabalho clínico com pacientes crianças.

Por isso, então, o conceito ganha posição de destaque nessa apresentação metapsicológica. Pelo fato de estar enlaçado a uma organização mais abrangente – o processo de apropriação subjetiva –, este vai exigir também a apresentação de seu corpo referencial, criando um contexto teórico para dar sustentação à clínica.

O nome "simbolização primária" foi dado por Roussillon aos processos "[...] pelos quais os traços perceptivos são transformados em representações-coisa, quer dizer, o primeiro trabalho de metabolização da experiência e da pulsão" (ROUSSILLON, 2001, p. 159, tradução livre da autora).

Para entrarmos em contato com o desenrolar do processo de subjetivação, ou de apropriação subjetiva, no qual a simbolização primária é apenas um dos momentos chave no percurso do apropriar-se de si mesmo – fazer-se sujeito –, creio ser necessária a demarcação do terreno que serve de base para a organização proposta para a construção deste capítulo sobre a simbolização primária.

Fatores gerais da evolução e da organização da subjetividade

A clássica oposição entre o inato e o adquirido perde seu lugar, nos dias de hoje, para um modelo que parece mais pertinente, já que leva em conta tanto fatores genéticos como fatores do ambiente dentro de uma concepção plástica do funcionamento biológico. Esse modelo caracteriza-se por não considerar a possibilidade de ter lugar algum movimento automático ou autônomo, de não ocorrer algum desenvolvimento programado desprovido da participação do ambiente em quantidades variáveis, como no caso da participação da intersubjetividade no processo.

Decety (2004) e David (1997), representantes de pesquisas atuais estão de acordo em não considerar mais o bebê como uma tábula rasa, nem a situação inversa de pensar que o bebê chega ao mundo dotado de competências. Essas pesquisas levam também a crer que o desenvolvimento das competências vai depender fortemente de um número de fatores que devem ser fornecidos pelo ambiente primeiro para que possam adquirir sentido na relação, atualizarem-se, podendo se tornar "apropriáveis".

As capacidades inatas "abrem" algumas potencialidades, alguns "potenciais", de acordo com o conceito de Winnicott (1990), que poderão encontrar, ou não, no meio tanto material quanto humano, condições favoráveis para sua realização, ou que vão, ao contrário, "degenerar-se". Portanto, a resposta do ambiente à competência potencial do bebê é tão importante quanto o próprio potencial do bebê, quanto a sua "pré-concepção", nos dizeres de Bion (1963). A realidade psíquica está no cruzamento de uma série de fatores que delineiam sua forma particular: os componentes internos, ligados à maturação biológica, e os componentes subjetivos. Estes são ligados também às condições do meio ambiente, ao berço psíquico fornecido à criança pelos fenômenos sociais e culturais.

Lembro-me de que, no conto *A Bela Adormecida*, diferentes fadas vêm se debruçar sobre o berço da princesinha ao lhe concederem dotes para o bom desenvolvimento. Entretanto, uma delas não foi convidada, ficou de fora, a fada má. Essa situação de falta arrasta consigo as maldições ao futuro crescimento da menina. Os contos de fadas cobrem sua função de alertar a criança desde muito cedo dos perigos desta vida: fantasmas podem assombrar o quarto das crianças; algumas dificuldades não tratadas dentro da economia familiar, grupal ou cultural impõem seu peso sobre o desenvolvimento infantil.

Retomo fatores internos e externos participantes do processo de subjetivação, de forma bastante pontual, apenas para chegar a seu ponto de entrecruzamento, na relação intersubjetiva quando ganham sentido e apresentam relevância para este trabalho.

Dentre os fatores internos da evolução, cabe mencionar a questão do ritmo da evolução na aprendizagem, pelo menos, na apropriação da aprendizagem; quando pode ser apropriada, cada progresso da maturação biológica abre novas possibilidades relacionais: são descobertos potenciais novos, que fomentam a atualização de virtualidades na ligação intersubjetiva, acarretando novos problemas, novos conflitos aos quais a criança deve fazer face.

A cada nova organização da subjetividade, a cada modalidade de interiorização e tratamento da vida pulsional serão implicados limites próprios: conflitos específicos, frustrações, angústias particulares que, entretanto, são também poderosos motores para mudança. É também a partir dos limites que a criança encontra, em cada uma dessas organizações que ela é levada a buscar, limites internos para lidar com cada organização da subjetividade e da vida pulsional, e poder relançar o processo de maturação.

Os fatores externos agem num processo dialético com os fatores internos, inibindo-os ou facilitando o desabrochar de novos potenciais do desenvolvimento ou, ainda, dando-lhes uma coloração particular. Ao pensarmos em fatores externos, localizamos, sobretudo, a rede de expectativas que o meio parental e social próximo deposita sobre as crianças. Tais expectativas são complexas, integrando dados que são específicos aos pais ao longo de sua história individual ou de sua história de casal.

O nascimento de uma criança ganha sentido na história individual de pai e mãe, como, também, numa conjuntura familiar que varia de uma criança a outra no seio de uma mesma família. Além desse aspecto, lembramos que os pais são seres sociais inseridos numa cultura e em grupos sociais que, também, nutrem expectativas em relação às crianças. A cultura está presente desde os primeiros momentos da vida de relações e em todos os detalhes da vida. Ela está presente em todos os aspectos da ligação com o corpo, com a maternagem e em todos os momentos importantes da estruturação psíquica.

Entretanto, os dados culturais e sociais nunca agem diretamente sobre a estruturação psíquica, eles são mediatizados pela relação que os pais mantêm com esses dados de maneira consciente ou inconsciente.

É chegada a hora de podermos considerar o entrecruzamento entre os fatores internos e os fatores externos para verificarmos qual vai ser a adequação dos desejos, expectativas, do meio parental ao ritmo e fatores internos do desenvolvimento específico da criança. A cada momento da estruturação da psique e da subjetividade da criança implica o ambiente lhe fornecer elementos específicos a seus desejos para que o psiquismo se organize e encontre soluções. Esses elementos são preconcebidos pela criança, que conserva uma forma de espera difusa, se bem que dirigida ao ambiente. Se ela conseguir encontrar aquilo que criou, ou se a distância entre o que criou e encontrou não superar sua capacidade de se adaptar, a integração pode ter lugar e a criança vai poder se apropriar de seu potencial. Se, entretanto, essa distância for considerável, porque a criança não conseguiu satisfazer as exigências do ambiente a não ser em detrimento de seus próprios processos, um conflito irá se formar entre seus desejos internos e o que a realidade externa lhe propõe, sendo criadas, então, soluções psicopatológicas. Nessa gangorra entre externo e interno, alguns sintomas podem surgir. Por um lado, o alerta dentro da relação poderá se caracterizar por um sintoma psicossomático ou comportamental, ou ainda por um processo de inibição. Ou, por outro lado, se a criança entra num processo de adaptação forçada, prejudicando seus recursos internos, a maturação de seu desenvolvimento será acelerada de uma forma mal integrada, correspondendo ao que Winnicott (1990) chamou de falso-*self*.

Chegamos ao ponto de tentarmos retraçar a história da organização da subjetividade, de descrever os estados subjetivos sucessivos e a maneira como as coisas são vividas, apreendidas subjetivamente nos diferentes tempos do processo de maturação: como as coisas são significadas e teorizadas pelo sujeito em função de seu estado de desenvolvimento.

Essa história é aquela das reorganizações sucessivas da subjetividade em função da evolução das reorganizações do sentido vivido. É a história da organização progressiva da psique, feita por revoluções sucessivas, por reorganizações sucessivas da vida pulsional e de seu lugar na vida psíquica.

A segunda tópica usada como alicerce da construção da noção de apropriação subjetiva

Segundo Roussillon (2001), além da introdução da nova teoria dos instintos, o artigo de 1920, "Mais além do princípio do prazer", traz uma ideia inovadora: Freud considera que o princípio do prazer não é mais o princípio fundamental para o funcionamento mental. Essa posição será atribuída ao princípio de repetição, cuja existência é entendida como anterior ao princípio de prazer.

Nessa conceituação, o princípio do prazer é visto manifestando-se numa segunda fase, participando de ligações psíquicas e da experiência de subjetivação. Portanto, a ideia de uma compulsão (princípio de repetição) exercer seu efeito num tempo anterior ao do princípio do prazer, isto é, sendo um princípio que não seria motivado pela busca do prazer, apresenta-se de maneira não evitável e automática, o que traz como consequência um efeito inquestionável para a teoria e para o trabalho clínico.

Esse novo princípio desempenha um papel relevante naquele tipo de experiência que deveria se subjetivar e não se subjetivou, não podendo ser apropriada pelo sujeito. Quando o princípio do prazer atuar mais tarde, ligando o conteúdo psíquico não subjetivado, tem início a simbolização primária, que, transformando e ligando o material psíquico, permite que tal conteúdo faça parte do *self*. A simbolização primária se presta como meio para a conquista da apropriação subjetiva, colocando-se numa dialética com ela, tornando-se fácil compreender que, sem haver representação simbólica, não poderemos ter um sentimento de sermos nós mesmos.

O inconsciente ou o que era reprimido, segundo Roussillon (2001), antes de 1920, era considerado como um desejo ao qual correspondia uma representação inconsciente. Depois de 1920, a noção de inconsciente emergiu constituída por material não simbolizado, ou seja, não ligado pelo princípio do prazer.

Essas mudanças na teoria psicanalítica levaram Freud a definir melhor o inconsciente, ao introduzir a noção de id em 1923: o inconsciente, então, remodelado no id, passa a conter tanto material simbolizado quanto não simbolizado. Esse material não simbolizado não obedece às leis do deslocamento, condensação, ligação e representação, mas sim à exigência do princípio da repetição.

Uma consequência na prática terapêutica de "Mais além do princípio do prazer" (FREUD, 1920) e da conceituação de um inconsciente não ligado – não representado – é que o objetivo do processo analítico muda, já que não pode ficar restrito apenas ao conteúdo representado. Torna-se necessária a criação de condições para que possam ocorrer processos de ligação e de simbolização diante do conteúdo inconsciente. Não é tanto pelo fato da análise de conteúdo representacional não ser mais o objetivo da psicanálise; ela não é mais o único objetivo, pois a elaboração de material inconsciente não representado e seus resultados adversos na mente de analisandos, sobretudo daqueles que sofreram trauma, danos narcísicos, ou pacientes *borderline*, passam a ser a exigência de primeira ordem. Assim sendo, pensamos hoje numa análise de continente, para tais pacientes ou para tais situações, como prioritária.

Roussillon é um dos autores que, na atualidade, vem contribuindo de maneira significativa para a compreensão das consequências psíquicas do trauma e da identificação das condições analíticas necessárias para que processos de ligação de material não subjetivizado sejam retomados pelo sujeito, possibilitando-lhe apropriar-se subjetivamente de suas experiências traumáticas.

Antes de 1920, o objetivo terapêutico do trabalho clínico era transformar o inconsciente em consciente, isto é, revelar desejos reprimidos e conflitos associados a eles. Inicialmente, o foco da análise referia-se ao que estava reprimido. A partir daí, com um conhecimento melhor do trabalho da censura e do superego, o trabalho analítico também foi se voltando para a análise das forças repressoras.

Com o princípio da repetição identificado como a característica fundamental do funcionamento psíquico, outros objetivos terapêuticos teriam de ser dimensionados àqueles já conhecidos.

O desafio para o analista fica formulado em diferentes termos:

- Como lidar com o material que se encontra fora do território do ego inconsciente?

- Como tornar representável o que não está representado? Como ajudar o analisando a se apropriar do que está fora da experiência subjetiva do ego como sujeito?

Para tentar responder ao desafio lançado por essas questões, aproximamo-nos da noção de apropriação subjetiva e de sua função na construção do aparelho psíquico. Roussillon (2001) aponta para esse novo paradigma de trabalho de análise, que está mais de acordo com as possibilidades de compreensão veiculadas pelos ensinamentos da nova tópica de 1920.

Apropriação subjetiva

Antes de abordar a noção de apropriação subjetiva, esquematicamente destaco dois modos de trabalho analítico que funcionaram na clínica, e até continuaram (e continuam) operando até hoje, apesar da inovação trazida pelo novo paradigma da apropriação subjetiva.

De fato, o primeiro modelo apresentado por Freud tinha na tomada de consciência sua palavra de ordem. Ele se assentava sobre uma hipótese de que já havia um sentido previamente constituído, apesar de mantido no inconsciente pelo recalque e pelo conflito que o encobria. O trabalho da análise e do analista cingia-se à descoberta e à revelação do sentido escondido, disfarçado pelos processos primários inconscientes e pela ação da censura, para que fosse possível uma tomada de consciência dos movimentos psíquicos e dos desejos infantis que tinham ficado no lugar da subjetividade infantil. O sujeito, então, diante de seus conflitos, encontrava-se agora numa posição para poder escolher e reorientar sua economia pulsional. A situação analítica constituía-se no enquadre que se estabelecia para que fosse feito o trabalho da revelação da verdade escondida, enquanto tornava possível e confortável a regressão do analisante e a posição de retirada necessária do analista. Esse modelo traz uma série de dificuldades clínicas, entre elas o fato de algumas tomadas de consciência não serem suficientes para se chegar ao sentido recalcado; algumas vezes nem é necessária a tomada de consciência; outras vezes, haverá uma fuga para a cura. Entretanto, os casos resistentes à análise nesse momento foram, sem dúvida, as neuroses narcísicas e alguns casos de luto, que pressionaram a uma inflexão do trabalho analítico (ROUSSILLON, 2008b, p. 25).

A seguir, a preocupação do trabalho analítico passa a ser o tornar-se consciente (FREUD, 1920, 1923); o acento é colocado nas transformações necessárias para que experiências, principalmente as traumáticas, ou mesmo algum impulso possam aceder à consciência e tornar-se assim perceptíveis ao sujeito. O sentido não se encontra já depositado em algum canto do inconsciente; ao contrário, ele será produzido no âmago do processo analítico com a ajuda e participação muitas vezes ativa do analista. O sentido é então entendido de forma mais relativa, se o comparamos a uma verdade a ser revelada, própria do modelo anterior. A interpretação cede lugar a um trabalho de construção do sentido e dos movimentos psíquicos, e a procura da verdade vai sendo substituída pelo interesse na atividade geradora de símbolos. O trabalho se efetua a dois, e a simbolização passa a ser concebida na intersubjetividade. Faz parte desse *modus operandi*, além da transferência, a contratransferência. Podemos incluir, ainda nesse tópico de trabalho, o aqui e agora tão caro aos ingleses: a história vivida passa ao segundo plano e o sentido se constrói na sessão entre analista e analisando. O perigo da influência do analista sobre o processo analítico exige que se possa protegê-lo com a ajuda de uma ética: a psicanálise não deve ter outros objetivos senão o trabalho da simbolização. Poderíamos pensar que é o funcionamento da "análise pela análise". Tal situação vai levar a dificuldades que advirão da própria procura de salvação: tentar proteger a análise de qualquer sugestão, qualquer influência. Cria-se uma ética, que mantém uma definição intersubjetiva e até mesmo interacionista desse tipo de análise.

Cabe uma ressalva de importância epistemológica quanto a esses diferentes tipos de abordagens em trabalhos analíticos. Como considerar um progresso baseado na sequência temporal na qual essas formas de trabalho e de metapsicologia foram se apresentando ao mundo? Tornar-se consciente é uma maneira mais eficaz de tratar o paciente? Tendo em conta que o tornar-se consciente sucede no tempo à "tomada de consciência", podemos acreditar que já aprendemos com a experiência e podemos reparar eventuais danos direcionados pela teoria e técnica anterior? Parece-me que, até certo ponto, sim. Não podemos, entretanto, esquecer-nos de que, a cada nova incursão na clínica, ela pode ser reinventada, revolvida em seus próprios fundamentos, anunciando novas conquistas.

Atualmente, o que dá sustentação à clínica e à metapsicologia diz respeito a uma inflexão que se abre para uma mutação paradigmática: a apropriação subjetiva, que vai se centrar não só em conceitos que propiciam a retomada do sujeito, como, também, em seu uso no processo analítico.

Neste capítulo, para apresentar essa modalidade da apropriação subjetiva, lanço mão de uma forma no texto que se assemelha a um *squiggle-game* entre dois protagonistas: Roussillon e Winnicott. Se Winnicott é o responsável pela nova invenção, o transicional, como o texto a seguir vai indicar, Roussillon lhe dá continuidade adicionando pontos esclarecedores ao transicional. Na sequência, Roussillon (2008a) acrescenta mais dois elementos que ele considera presentes nesse trabalho psíquico de apropriação subjetiva: o reflexivo e o sexual. Munido dessas três balizas – o transicional, o reflexivo e o sexual –, Roussillon nos oferece o seu "rabisco" que dá corpo à noção de apropriação subjetiva.

O transicional

Essa maneira de apropriação subjetiva – que vai ganhando espaço nas últimas décadas no mundo da psicanálise – tem de levar em conta um trabalho mutativo que sai das entranhas da clínica de Winnicott, a transicionalidade, que não corresponde a nenhum sistema teórico ou a nenhum conjunto de regras preestabelecidas. Pelo contrário, encontra-se embebida nessa maneira de tratar as coisas e o ser, no estilo particular de Winnicott, seja em seus escritos ou em narrativas de seus pacientes.

Winnicott (1975) reconhece uma terceira área entre o mundo interno e externo, a que denomina espaço potencial. Esse terceiro mundo, terra de ninguém, é o local onde as criações do bebê são dispostas para que o seu criador possa lançar mãos delas no instante em que o objeto real for exigido, mas não se mostrar presente. Ainda o mesmo autor denomina tais objetos criados de objetos transicionais, e o ato de criá-los, de fenômenos transicionais.

O próprio autor reconhece, porém, um paradoxo inerente a esse terceiro mundo. Se, por um lado, ele não se encaixa em nenhum dos dois mundos – o interior ou o exterior –, definindo-se como uma terra a vir a ser habitada, sua presença é evidente na vida de qualquer indivíduo como potencialidade:

> Esse é o paradoxo que aceito sem tentar qualquer solução. A separação que o bebê faz entre o mundo dos objetos e o seu (self) só é conseguida pela ausência de um espaço intermediário, sendo o espaço potencial preenchido do modo como estou descrevendo (WINNICOTT, 1990, p. 126).

Além disso, há um estatuto paradoxal inerente ao estado transicional: os opostos coexistem dentro e fora, mundo interno e mundo externo. Portanto, "para a criança, o objeto transicional não vem de fora, mas tampouco de dentro", afirma Winnicott; não é uma alucinação. E nunca lhe faremos a pergunta: "Você o criou ou o encontrou?" (1975, p. 125). Winnicott revela que o melhor seria que essa pergunta nunca fosse formulada.

Ao introduzir a existência dessa terceira área na vida humana, Winnicott oferece outra dimensão da vida psíquica. A lógica que sustenta essa virada epistemológica é a do paradoxo. Como já assinalado (quando se comentou a noção de apropriação subjetiva), as mudanças na clínica são inúmeras, assim como o modo de encarar as questões teórico-clínicas às quais a clínica já havia conduzido.

Winnicott coloca o paradoxo no centro da experiência humana. Ao se referir à primeira mamada teórica, ele a enuncia numa forma paradoxal: o bebê cria o seio e o encontra disponível onde o colocou oferecido pela mãe. O bebê cria o mundo e o encontra; é a virtual entrada na área da ilusão: o objeto subjetivo já é criação, mas ao mesmo tempo o sujeito "incipiente" encontra, sem o saber, o objeto real tornado por ele seu objeto privado.

Esse paradoxo da transicionalidade, também conhecido como o "encontrado-criado", não combina evidentemente com a lógica tradicional, calcada no princípio de identidade A=A; B=B. A lógica do paradoxo winnicottiano aponta para se A, então não A. Winnicott, ao inventar tanto o conceito de "transicional" como o de espaço potencial e suas decorrências, com certeza não sabia que estava rompendo com a epistemologia bidimensional prevalente durante séculos, ou seja, a concepção clássica do conhecimento do tipo dicotômico: sujeito x objeto, natureza x cultura, realidade psíquica x sensorial, representação x coisa e muitas outras oposições antitéticas. Digo que ele não sabia, pois não havia em Winnicott, por sua maneira de ser, condição de usar as ideias antes da experiência. Penso também que, por ser extremamente sensível aos eflúvios de sua época, teve condições de poder captá-las: inspirá-las, transpirá-las e expirá-las, em atendimento à clínica. Por isso me parece extremamente pertinente a apreciação de Donnet (1995), ao dizer que Winnicott faz "um tipo de corte epistemológico invisível" na psicanálise, consideração esta mais de acordo com a "sua natureza".

Winnicott soube ultrapassar essa epistemologia ocidental clássica – hoje em franca crise tanto na esfera das ciências naturais quanto das humanidades –, ao dimensionar um enfoque na vida psíquica que possibilita a apreensão de fenômenos multidimensionais. A riqueza da trama, assim como a dinâmica relacional, nesses fenômenos nos conecta com o mundo a partir de outra perspectiva, diferente daquela que nos permite ver através do modelo de pensamento baseado nas oposições binárias e nas polaridades excludentes.

Roussillon (2008b) faz uma nova leitura da fórmula emprestada de Freud "Onde estava o id, aí advirá o ego" (Freud, 1933, p. 102): "onde o id, os instintos, o superego, o objeto ou o que não foi representado, o ego como sujeito advirá". Essa frase será seu emblema e sua baliza a direcionar o ponto de inflexão da teoria para uma formulação que insiste na ascensão da subjetividade, na qual a consciência é apenas uma característica não essencial, tanto quanto não discriminativa em si mesma.

A clínica de pacientes narcísicos, *borderline* e psicóticos já vinha se movimentando em busca de procedimentos que não apresentassem a ineficácia das abordagens anteriores. Nesse sentido, os ingleses representavam uma vanguarda, tanto os kleinianos – como Rosenfeld (1968) em seu trabalho com esquizofrênicos – como os que passaram a ser conhecidos como neokleinianos dispondo de ferramentas clínicas como o *splitting*, a identificação projetiva, partes cindidas do *self*, as quais lhes permitiam sucessos terapêuticos com pacientes psicóticos ou *borderline*. Winnicott (1990) já trabalhava tendo como referência o *self* e sua constituição mediada pelo ambiente. O trabalho com os referidos pacientes de patologia severa abriu caminho para que pesquisas fossem realizadas, sobretudo aquelas a respeito dos processos do pensar, tendo como consequência o deslocamento de uma análise de "conteúdo" para uma análise de "continente", bem como para as operações de "transformação" que o psiquismo teria de efetuar para assegurar suas funções. Roussillon relata-nos que particularmente a questão de saber como o psiquismo podia delimitar o que seria uma representação psíquica – e poder diferenciá-la – daquilo que seria simplesmente uma percepção conduziu Green (1973, 1984) e ele próprio (1991) a maiores investigações, levando-o a pensar em alguns paradoxos tanto epistemológicos quanto clínicos.

Foi esse contato com o trabalho do paradoxo e o aprofundamento que dele extrai que vai fazer sentido para Roussillon (1991) em seu uso com alguns pacientes com reações terapêuticas negativas. Não me detenho nesse aspecto específico, pois foge aos limites propostos por esta pesquisa.

Retomo, aqui, o espaço que cabe por direito a Winnicott (1975), pois o paradoxo, como já dito anteriormente, foi por ele introduzido no trabalho analítico, conjugando-se tanto com a ideia de "ser" como com a noção do trabalho de apropriação subjetiva, se bem que não formulada desse modo.

Roussillon explica essa posição de Winnicott com suas próprias palavras:

> [...] introduzir a questão do ser em psicanálise, a questão da identidade subjetiva, a partir da questão da apropriação subjetiva, daquilo que Winnicott chama a criatividade, e de suas condições de possibilidades tanto interna quanto externa, é, com efeito, reencontrar uma questão, ali provavelmente de imediato na história da psicanálise, para reabri-la com a questão dos fundamentos da psicanálise da mesma forma que a questão dos fundamentos da psique (ROUSSILLON, 2000, p. 60).

Nesse sentido, Winnicott é um "criador" que, a partir dos ensinamentos de Freud, extrai material ainda encoberto nas entrelinhas para gerar algo novo, dando vida ao que já estava estabelecido. Numa imagem rápida, é como se Winnicott estivesse mergulhado no paradoxo da transicionalidade – do "encontrado-criado", engendrado por ele próprio: o que ele criou como suporte para seu trabalho analítico, ele já teria encontrado no corpo teórico de Freud. Não cabia mais a seus pacientes (de Winnicott) *borderline* um trabalho clínico baseado no trabalho de "tomada de consciência" à moda da primeira tópica, na medida em que a dificuldade maior desses pacientes consistia numa "falta no ser", "num desconhecido em ser", pacientes que, mais tarde, ele iria reconhecer como aqueles de sofrimento narcísico-identitário, apresentando estados-limites da subjetividade. Tais pacientes iriam se beneficiar de outra abordagem terapêutica relacionada, sem dúvida, com elementos da segunda tópica, a qual abre caminho para o trabalho de apropriação subjetiva (WINNICOTT, 2000).

Winnicott (2000) começou por questionar o que para Freud já era um dado inquestionável: as diferenças eu/não-eu, de sexos, de gerações, todas já estavam dadas; restava simplesmente questionar seu reconhecimento, não sua existência.

Lembremos que, para Freud (1915), era uma questão de reconhecimento, já que a busca de soluções para as diferentes tarefas do desenvolvimento – que tinham ficado negativadas por algum tipo de defesa, ou recalque, ou recusa, ou tinham se acomodado nos confins do inconsciente – precisava apenas ser trazida à luz.

Winnicott (1990c) viu que o que parecia dado a Freud; poderia não ser assim. Tinha de ter havido uma construção, um processo anterior, para que o que se apresentava como "dado", no caso da diferenciação eu/não-eu, fosse submetido a um trabalho de construção psíquica prévia que justificasse essa diferenciação ou não diferenciação. O percurso do trabalho de diferenciação eu/outro ou eu/não-eu era longo e lento, tecido fragmento por fragmento, numa negociação intermitente do eu com a realidade, sendo a ponte da "ilusão-desilusão" oferecida como apoio para amortecer desilusões e frustrações inevitáveis do processo da "continuidade do ser".

Como sair de um estado de dependência absoluta, no qual a onipotência assegura à criança a segurança da completude?

E fazer face aos primeiros tropeços do caminho?

Mas, se a viagem da vida não for de altos e baixos e sim de áreas que podem matizar os acidentes, caminha-se de um ponto para outro, transicionalizando os paradoxos, que representam as condições que todo ser humano deve aceitar para descobrir e aprender o universo da simbolização. É só então que a travessia para a simbolização poderá acontecer, propondo questões aos impasses do narcisismo e às formas primeiras do desejo humano. Certamente, os processos transicionais não impedem nem a dor nem as perdas ao longo do transitar da vida; apenas ajudam a atravessá-la de forma mais amenizada:

> Na epistemologia winnicottiana, o que prevalece é o movimento, a transição, em "direção a", pois na sua ontologia, a "continuidade de ser", envolvendo tempo e sustentação ambiental, constitui o que possibilita a "realização", isto é estabelecer o sentido do real. Este movimento supõe, uma teoria do desenvolvimento cujos passos e trajetória, paradoxalmente, não estão previamente traçados (LOBO, 2008, p. 8).

A abertura trazida por Winnicott (1975) por meio de sua noção das primeiras formas de transicionalidade estimula Roussillon a empregá-la num sentido mais amplo de uma análise transicional na qual estão implícitos processos mais tardios do desenvolvimento.

O conceito de transicional, proposto por Winnicott, traz, além de uma classe de objetos particulares e fenômenos (os objetos transicionais e os fenômenos transicionais), uma revolução do trabalho psíquico que, à busca de condições de apropriação subjetiva, nas profundezas do inconsciente, recupera modalidades desgarradas de sua ocorrência histórica.

Para finalizar, cabe enfatizar que o transicional não define uma nova qualidade estrutural, nem mesmo uma modalidade organizacional, dizendo respeito a uma posição subjetiva e modalidades intersubjetivas que facilitam a introjeção das experiências subjetivas e de suas pulsões.

O reflexivo

O reflexivo vem a ser a segunda dimensão a compor as respostas aos desafios lançados pela apropriação subjetiva. Passa a ser um dado que já despertava interesse em Roussillon, conforme seu relato, pelos trabalhos tanto de Bion quanto de Winnicott. Bion (1963), por intermédio do papel materno no uso de suas funções modelando o psiquismo da criança, e Winnicott (1990c) em sua concepção do papel do rosto da mãe funcionando como espelho para a apreensão de si mesmo pela própria criança. As duas obras sublinham que o caminho de si mesmo para si mesmo passa pelo outro, por esse primeiro outro que é a mãe. Parece lógico, então, que nós nos refletimos como fomos refletidos nesse primeiro momento. A capacidade de se refletir aparece como a forma interiorizada dessa função reflexiva do ambiente primeiro.

Outro dado de influência a respeito do direcionamento do interesse de Roussillon no funcionamento do reflexivo, assim como do papel que vai jogar na formação do sujeito, vem da clínica da psicose tal como concebida em *L'enfant de ça* (1973), de coautoria de Green e Donnet. Os autores referem-se à questão da psicose proveniente da dificuldade que os sujeitos psicóticos têm em "representar que se representam" ou "representar que não se representam", marca faltante do cognitivo e não do pulsional. A hipótese contida no livro desses autores é a de que não é mais só suficiente que a psique represente, já que está consubstancialmente estruturada para a representação e para a colocação em representação: é necessário que ela "represente que ela representa" ou falhe "em representar que ela representa".

Se fizermos um levantamento histórico da ideia do reflexivo em Freud, vamos logo encontrá-la como marca identitária da própria psicanálise, ao relacionarmos a sua noção à introdução da noção de inconsciente. Explicando-me melhor: durante o século XIX, para os filósofos e para os psicólogos até a época de Freud, a consciência era soberana nessa capacidade de se "autoinformar", se "refletir", dar notícia do que se passava dentro dela. Ter consciência era o selo que atestava o refletir a vida psíquica. A noção de inconsciente reverte esse parâmetro: Freud (1900) declara que é a existência de uma forma reflexiva no inconsciente, expressa por processos autorreguladores e autodesreguladores. Antes disso, porém, o próprio Freud aconselhava, no "Projeto" (1895), que, por mais que os pacientes tivessem lembranças, era necessário enunciá-las em voz alta para que eles pudessem ouvi-las, efetivando esse enlace afetivo tão importante (ser expresso por sua própria voz, que sai de dentro de si, e essa mesma voz poder ser ouvida fora de si).

Somente com trabalhos elaborados bem depois de Freud é que se pôde ganhar mais conhecimento sobre a teoria do reflexivo.

Na verdade, o que esboço neste item nada mais é do que um apanhado muito pontual, de que me valho para compor as três categorias da apropriação subjetiva: a transicionalidade, o reflexivo e o sexual.

Roussillon (2008a) sugere uma maneira de tratar esses dados reflexivos para garantirmos sua boa funcionalidade na clínica. Divide-os em três níveis diferentes, segundo o sentir, a visão e a audição, entrelaçando-os com o afeto, a representação-coisa e a representação-palavra, respectivamente.

Primeiramente, o sujeito tem de poder se sentir, se autoafetar pelas pulsões e pelos afetos que o percorrem. Esse é o tempo dos primeiros processos presentes na introjeção pulsional, na experiência subjetiva e na função "espelho" do primeiro objeto. A capacidade de se sentir transicionaliza a vida pulsional e afetiva, e se apoia em transformar as sensações em mensagens simbólicas (ROUSSILLON, 2008a, p. 8).

Em seguida, ele tem de poder ver-se a si mesmo, isto é, ser capaz de estar lá onde ele está, isto é, centrado, e depois se considerar do ponto de vista do outro, à distância e tomando a ligação, assim como a forma que o liga e que o separa do outro. O "estádio do espelho", imortalizado por diferentes autores, entre eles Winnicott (1969), Lacan (1936) e Sami-Ali (1974), oferece uma forma manifesta dessa atitude.

Enfim, ele (o sujeito) terá de ser capaz de ouvir, refletir, pelo aparelho de linguagem verbal, o jogo das transferências intrassistêmicas que o percorrem e de retomar de uma maneira ou de outra, nesse aparelho verbal, as formas precedentes do reflexivo.

Podemos extrair o corolário dessas atitudes reflexivas que estão estreitamente dependentes da história e da maneira pela qual o sujeito foi sentido, visto e ouvido por objetos significativos de sua história, que foram determinantes para sua própria organização subjetiva.

Ter sido bem "sentido", visto e ouvido facilita a capacidade de refletir; ter sido mal sentido, visto e ouvido tende ao inverso, a entravar as capacidades reflexivas ou a negativá-las: o sujeito então se sente mal, em toda a polissemia do termo, ou se vê mal ou, ainda, se ouve mal e gera mal-entendidos.

O que para este trabalho ganha particular relevo é o acréscimo, a todo esse corpo de conhecimento apresentado por Roussillon, de duas considerações originais suas.

A primeira se assenta na noção de falta de representação da representação-coisa. A segunda diz respeito a existir uma possível estrutura reflexiva do afeto, alguma coisa que diga, em seu próprio movimento, que é representante da pulsão.

Quanto à primeira ideia, assim a discute Roussillon:

> [...] a ideia da 'representação da representação' que propunham Green e Donnet era insuficiente; seria necessário aprofundar essa noção e conceber duas categorias conceituais de representação. Eu penso, eu imagino, eu me

represento, são palavras através das quais 'representa-se que se representa'. Mas existe uma problemática bem mais fundamental e essencial para compreender alguma coisa da psicose. Essa problemática é a da representação de coisa da representação. Quer dizer, alguns pacientes têm a experiência dessa coisa esquisita que é a representação, e outros não chegam a ter a experiência vivida de um encontro com esse objeto particular, que é, por exemplo, um símbolo. Mas nesse momento surge alguma coisa em mim que me pareceu alguma coisa essencial: é que alguns sujeitos encontram em sua vida a possibilidade de experimentar um espaço de jogo e aí encontrar objetos 'para a representação'. São objetos com um estatuto particular: eles não têm um valor em si mesmos, o que lhes permite representar todo o resto. A massa de modelar, por exemplo, não representa nada, não tem forma, mas graças a esta não-forma, ela pode tomar todas as formas (ROUSSILLON, 2010, p. 43, tradução livre da autora).

Roussillon (2010) conta que começou a trabalhar a problemática do meio maleável como sendo o representante coisa da representação de coisa. Depois, diz que abordou todas as propriedades do meio maleável, tentando examinar se elas não representavam as precondições da formação do símbolo e da atividade de simbolização, e se nos indicariam diferentes formas de quadros clínicos patológicos narcísicos-identitários. De fato, ele diz que conseguiu descrever a mãe "meio-não maleável" como insensível, destruída e a do "meio não transformável" como inatingível, indiferente, intangível... Assim pôde desenhar as características da mãe do paciente narcísico-identitário.

A segunda contribuição versa sobre a possibilidade de o afeto poder conter uma estrutura reflexiva, algo em seu próprio movimento que diga que ele é representação da pulsão (ROUSSILLON, 2008b).

Qual seria o lugar do "espelho materno primeiro" nessa composição reflexiva do afeto na primeira relação mãe-bebê?

Como se poderia saber qual a maneira como as mães se colocam, nessa função de espelho, para permitir que o bebê passe de sua posição inicial de afeto "passional", ou do amor "implacável" de Winnicott, para a posição de afeto domesticado.

Como o afeto irá adquirir um valor simbólico?

Na leitura dos diferentes trabalhos de Roussillon, pude constatar que ele nos oferece algumas pistas extremamente interessantes para responder às questões acima propostas. Durante a "partilha de afeto", a mãe empatiza o afeto do bebê, afeto este que, ao mesmo tempo, serve de material de troca e de comunicação. A mãe ajusta a reação da criança à realidade da situação ao lhe indicar que um simples sinal de afeto é suficiente. Ainda, a mãe, ao mesmo tempo em que partilha e "ecoíza" o afeto, traz significado para a criança: o que ela reflete é o afeto da criança e não o seu, ou seja, comporta-se como espelho do afeto da criança.

O sexual

O sexual vai estar sempre presente nas ligações do sujeito com seus objetos de investimento e suas ligações intrapsíquicas. A ligação psíquica contempla uma forma de investimento, uma troca e uma partilha do investimento. Para nos sentirmos bem, é necessário ter prazer em se sentir; é necessário ter prazer suficiente em se sentir; será necessário ter encontrado outro sujeito com quem partilhar esse prazer que se sente. Esses requisitos vão estar presentes em experiências concretas de encontro e troca. Todos esses fios vão ser tecidos no prazer da partilha do afeto com objetos significativos, em movimentos e atitudes internas e até mesmo em experiências de desprazer.

Desde os primeiros encontros em espelho, o sexual estará presente oferecendo a qualidade de prazer, sendo a fonte de prazer, possibilitando o sentir das diferentes sensações potencialmente presentes. Essa colocação leva a considerarmos a relevância do componente sexual presente nos investimentos cuja participação é fundamental para efetuar as ligações primitivas.

O transicional abriga o sexual, definindo as condições para que a expressão pulsional não se torne antagonista às necessidades do ego e da subjetividade. No caso do jogo, atividade transicional por excelência, é jogo sexual, mas, para tal, essa atividade deve poder conseguir apreender a forma "mensageira" da pulsão.

O jogo, nessa perspectiva, fornece um modelo que atravessa de maneira harmoniosa os três itens da apropriação subjetiva: o transicional, o reflexivo e o sexual. O jogo transforma o sexual em formas transicionais que estabelecem o desenvolvimento do reflexivo.

Após a apresentação dos três fatores, a transicionalidade, o reflexivo e o sexual, procuro mostrar o quanto essas três modalidades se articulam para caracterizar o tipo de trabalho mental pertinente à apropriação subjetiva. Sendo a simbolização primária o meio da apropriação subjetiva, é importante mostrá-las, ligadas dialeticamente, uma à outra. O sentimento do si mesmo pressupõe o acesso à representação simbólica. Enquanto não for adquirido esse estatuto de simbolização, não será possível proceder à apropriação subjetiva. Roussillon (2008a) nos convida a contemplar as etapas da apropriação subjetiva.

A primeira operação da psique é de domínio – diante da situação de muita excitação – de muitos elementos enigmáticos com potencial traumático que a acometem em seu primeiro contato com o mundo. É uma operação que vai consistir em que o Eu se aposse do que se passou, imobilize-o, conserve-o, guardando-o para assegurar esse movimento. Se essa primeira operação não estiver absolutamente segura, conservada, não haverá condições de simbolização.

O segundo tempo, ou segunda operação, é do "soltar" o que no primeiro tempo havia sido apreendido, na medida em que se impõe dar continuidade à tarefa que agora se apresenta. Na operação do "soltar", é necessário haver condições de segurança suficiente, pois são relaxadas todas as defesas: é um momento de grande vulnerabilidade para o Eu.

O terceiro tempo é a operação de retomada. Tomar, soltar e retomar constituem o momento de representar, de apresentar novamente as circunstâncias da experiência subjetiva e retomá-la. É um trabalho de retomada.

Assim se desenrola o trabalho de apropriação subjetiva que contém e acompanha o trabalho de simbolização.

Os diferentes tempos históricos e estruturais do desenvolvimento da psique

Neste tópico, procuro mostrar como o desenvolvimento do psiquismo se constrói durante seus enlaces primeiros com o ambiente.

Na escala zoológica, o ser humano é, sem dúvida, aquele que vem ao mundo em condições de amadurecimento mais precárias. O potencial para maturação é grande, mas o tempo para se atualizar é demorado. Por isso mesmo, faz-se imprescindível a mediação do ambiente, quer representado pelo objeto outro sujeito (a mãe), quer pelos objetos inanimados, para ajudá-lo a enfrentar estímulos insustentáveis por si mesmo. Penso que, dentro do que Winnicott propôs, a etapa da "ilusão" presta-se para cobrir essa função de mediação inicial, até que a criança possa começar a ter outras possibilidades provindas de seu amadurecimento para se sustentar.

O tempo dessa construção do psiquismo consiste nos tempos "históricos" da psique, pois se sucedem ao longo da história de sua estruturação, embora também possa ser dimensionado como tempos "estruturais", pois se sucedem na travessia da psique em seu percurso de se "tornar consciente" e de tornar subjetivada a "coisa psíquica."

A matéria psíquica primeira
e sua transformação em simbolização primária

Freud, em diferentes momentos de sua obra (1900-1920-1923), utiliza a expressão matéria psíquica primeira para designar o fundo da experiência subjetiva, sua forma primeira, aquilo sobre o qual se assenta o trabalho psíquico. A matéria psíquica primeira é um conjunto de dados que afetam a psique, que a colocam em movimento, que exigem integração dentro da subjetividade humana. Essa matéria primeira apresenta duas características fundamentais que explicam a relação que o sujeito mantém com sua experiência subjetiva: ela é hipercomplexa e enigmática.

A maneira pela qual um acontecimento, ou encontro, afeta o sujeito (porque ela se constitui da matéria primeira da experiência subjetiva) apresenta múltiplas facetas ao mesmo tempo: multiperceptiva, multissensorial, multipulsional, pois o conjunto de órgãos da percepção e recepção traz sua contribuição à forma psíquica da experiência e ao traço que ela deixa na psique. É necessário, numa busca de precisão, acrescentar que ao mesmo tempo percepção, sensorialidade e sensualidade só ganham sentido, se as ligarmos à motricidade e ao movimento, podendo então ser consideradas percepção-perceptivo-motriz e sensorialidade-sensório-motriz. A participação do movimento é imprescindível não só porque o sujeito investe na experiência para fazer sua apropriação, mas, também, porque a experiência mobiliza nele um cortejo de afetos e movimentos, e por isso é multipulsional. As experiências subjetivas mais significativas de que se ocupa a prática clínica, aquelas que marcam o sujeito pela sua força, são as experiências do "encontro humano", experiências do encontro de um sujeito com a subjetividade de um outro sujeito. Elas se produzem na interface desse encontro, dependendo tanto do si mesmo quanto do outro sujeito e de sua contribuição à experiência. Nesse sentido, a matéria primeira da experiência mistura o eu e não-eu, parte de si e parte do outro, ação e efeito de um sobre o outro, o que vem de fora e o que vem de dentro.

A sua característica de ser enigmática advém primeiramente do seu caráter de hipercomplexidade, o qual não permite a ela ser apreendida imediatamente, instantaneamente. Pelo menos, quando ela investe num aspecto essencial da vida psíquica do sujeito, ela terá de ser descondensada para ser apropriada e transformada, a fim de tornar-se plenamente apreensível. Mas ela também é enigmática, porque grande parte do que a compõe é inconsciente e talvez suscetível de nunca tornar-se consciente nessa primeira forma; deverá, ainda, ser transformada e metabolizada para "tornar-se consciente".

Enfim, ela é enigmática, pois a sua apreensão cria ambiguidades, a menos que seja mediatizada por um outro, isto é, expressa e refletida por esse outro.

Como o sujeito não pode apreender de uma só vez a matéria primeira da experiência psíquica, e nem imediatamente, algumas condições terão de ser seguidas para apreendê-la. O sujeito terá de reapresentar o que lhe foi apresentado, refletindo-a (a matéria primeira) para poder dela se apropriar; terá de apresentar de novo a experiência psíquica para si, uma e outra, e talvez muitas vezes o mesmo movimento, para poder dela (da experiência psíquica) se apropriar. O que é certo é que a experiência subjetiva não se integra de uma só vez, nem imediatamente: ela requer diferentes tempos e diferentes interpretações.

Vejo que, no decorrer do processo analítico, o que se trabalha com o paciente – ajudando-o em seu trabalho de perlaboração – nada mais é senão essa modalidade característica do funcionamento psíquico em ação: transformações em partes menores da grande "onda" psíquica, para que o trabalho possa ir sendo debulhado, fragmento por fragmento.

Nesse movimento de apropriação de sua experiência psíquica, o sujeito terá, ao mesmo tempo, que descondensá-la e mediatizá-la. Descondensá-la, como também descondensar as "impressões psíquicas" para poder analisá-las e assimilá-las, fragmento por fragmento, detalhe por detalhe, reduzindo a hipercomplexidade em unidades mais simples, mais elementares e suscetíveis de serem trabalhadas mais facilmente.

Lembro-me da colocação de Freud em *A Interpretação dos sonhos* (FREUD, 1900), ao dizer que a "matéria psíquica primeira", que aparece para análise como aquilo que os processos psíquicos devem transformar, no sentido de que a experiência subjetiva seja pouco a pouco metabolizada pelo sujeito, é a matéria psíquica "bruta", aquela que testemunha o registro da experiência e as transformações necessárias à sua inscrição.

O tratamento psíquico dado a essa matéria primeira consiste em descondensar seus diferentes componentes para torná-la representável, e a experiência subjetiva vivida passível de apropriação. Roussillon propõe chamá-la de "simbolização primária", seguindo uma sugestão de Anzieu, mas colocando sua própria noção do seguinte modo:

> A simbolização primária diz respeito às operações que fazem passar da matéria psíquica primeira à representação de objeto, no sentido freudiano do termo [...]. A simbolização primária não é o processo primário, mas o conjunto de processos [...] pelos quais a matéria psíquica primeira é transformada em representação de objeto (ROUSSILLON, 2010, p. 24, tradução livre da autora).

Roussillon reconhece, nesse conjunto de processos de registro, chamados por ele de simbolização primária, processos que também recebem, por parte de outros analistas, nomes diferentes: os ideogramas de Bion, os pictogramas de Piera Aulagnier, os significantes formais de Didier Anzieu, as protorrepresentações de Monique Piñol-Douriez, apenas para citar alguns dentre eles.

A questão a seguir deveria ser se existe na matéria psíquica primeira algum dado prévio inerente a ela que determine sua orientação ou não, já que ela deverá sofrer transformação.

Podemos encontrar a resposta num investimento a ter lugar na ligação entre a criança, suas competências inatas e o meio ambiente. Se lembrarmos Winnicott (1975), é nessas formas primeiras do bebê que encontramos os potenciais a serem atualizados; ou, se pensarmos em Bion (1963), evocaremos as pré-concepções, experiências cuja atualização deve ter lugar para poder haver a apropriação subjetiva. Essas formas primeiras disponíveis no bebê oferecem um vetor tanto para a localização quanto para o investimento do que vai se produzir não só no meio ambiente e nos encontros com o objeto, como, também, nas futuras transformações de integração das experiências.

Voltando nosso foco para o objeto (mãe), nesse primeiro momento, tentaremos compreender a força de seu papel simbolizante nesses processos primeiros de transformação. Refiro-me ao papel continente da mãe e ao modo de *rêverie* materno, preconizado por Bion (1963). Nessas situações, e podemos incluir a função "mãe espelho" no ambiente primeiro, descrito por Winnicott (1975), abrimos um caminho para esses tipos de modalidades de relações entre mãe-bebê que tornam possível a retenção energética necessária para a atividade de simbolização. Impõe-se ao nosso conhecimento que, nos dias de hoje, tornou-se impossível sustentar a concepção quantitativa para a compreensão da simbolização, baseada na retenção energética de descarga. O elemento qualitativo encontrado nos objetos concorre para que a simbolização seja fruto de um trabalho no qual a função reflexiva de respostas do objeto às emoções, desespero e pulsões do sujeito tenha lugar. É na presença dos objetos que o sujeito deve extrair o material de sua atividade representativa e não na sua ausência, como era habitualmente entendido o trabalho da simbolização.

Recorro a Winnicott (1975) para introduzir dois pontos de sua formulação teórica, arranjados em dois paradoxos: "o encontrado-criado" e o "destruído-achado", que abrem uma possibilidade de simbolização diferente daquilo que, até então, tinha sido pensado como processo do simbolizar em psicanálise.

Assim fala Winnicott (1975) do "encontrado-criado": o processo alucinatório vai ter lugar devido a um aumento de tensão pulsional que independe da ausência do objeto e de sua realidade. A resposta alucinatória é disparada como resposta ao aumento de tensão; para Winnicott, não pode ser uma resposta frente à ausência do objeto. A alucinação e a percepção não são excludentes (como tradicionalmente eram consideradas), portanto a alucinação pode e deve ser produzida na presença do objeto. É dessa maneira que se coloca a questão da ligação da alucinação ou da excitação pulsional ao objeto, questão da ligação primária. No caso de ausência do objeto, a excitação pulsional e a alucinação vão ser tratadas pela descarga evacuativa. Mas, se o objeto estiver presente e a sua resposta (do objeto) coincidir com o processo alucinatório, vai ter lugar o "encontrado-criado" e a transformação da alucinação em ilusão. Uma vez a ilusão primária instaurada, vai se prestar de esteio para momentos de dificuldade da criança em contato com a realidade. Sob esse suporte tomado de empréstimo da mãe, necessário, a criança onipotentemente se conduz para, por meio de aproximações sucessivas, suavizar sua travessia para a realidade.

O outro paradoxo do "destruído-encontrado", ou mais conhecido pelo "uso do objeto", vai ser empregado por Winnicott para introduzir a compreensão do sujeito na realidade, facilitando sua saída do mundo da ilusão para a entrada no convívio com o outro, que passa a não mais ser a partir de então visto pelos olhos de sua subjetividade. À medida que a relação inicial mãe-bebê deixa de possuir o caráter de perfeição sob medida, e o atendimento ao bebê vai sofrendo modificações, o cenário paradisíaco se apaga. A destrutividade e os consequentes ataques da criança comparecem para fazer face aos "insultos" da realidade e da realidade do outro. O bebê ataca e destrói a mãe, mas a mãe fica, ou melhor, a mãe que "sobreviveu" à destrutividade vai ser encontrada. E Winnicott, nesse destruído-encontrado, altera a ordem dos fatores. A importância desse movimento destrutivo não é apenas a destrutividade em si, e sim a resposta do objeto a ela. Três são as respostas consideradas: ausência de retirada do objeto (o objeto deve se mostrar psiquicamente presente), ausência de represália do objeto (o objeto não deve entrar em relação de força com o sujeito) e, sem dúvida, a mais importante: o objeto deverá sair da órbita da destrutividade para manter contato com o sujeito, ao se mostrar criativo e vivo. Só então é que o trabalho de simbolização terá nascimento: o vínculo pode sobreviver ao ataque – apesar de se revelar pelo ataque, bem como a ligação de destrutividade que aí estava presente (WINNICOTT, 1975).

O trabalho de simbolização primária surge do trabalho necessário de reorganização *après-coup* do mundo de experiência de ilusão primária, em função desse novo dado da experiência subjetiva.

Assim, pelo afastamento introduzido pelo objeto nessa paisagem de adaptação primária às necessidades do sujeito, é que se abre o campo da experiência graças ao qual se esboça o processo complexo que levará à simbolização.

Os mediadores

Esse aspecto transbordante, devastador, que caracteriza essa matéria psíquica primeira ao atuar sobre um incipiente psiquismo, requer a presença de mediadores que ajudem na contenção desse movimento.

Sabemos que a ilusão vai cumprir esse papel de proteção ao bebê, ajudando-o na contenção do excesso de sua vivência subjetiva, enquanto a mãe se oferece munida de suas ferramentas para que o filho engendre sua ilusão.

É um estado necessário de ilusão pautado na possibilidade de transicionalidade, que vai se estabelecer entre mãe e bebê, à moda de um sistema antitraumático, a fim de evitar situações que a criança ainda não está preparada para resolver. Pode-se perguntar quando e como será produzida a capacidade de o sujeito poder diferenciar com clareza o que vem dele e o que vem do outro, do ambiente. E por que não admitirmos que nossa diferenciação do outro não caminha por si só e que representa um objetivo a ser alcançado ao longo da vida?

Os outros mediadores, os objetos inanimados, apresentam uma característica a partir de sua própria natureza, que dá uma forma X ao que devem conter. Em outras palavras, quando há a projeção da matéria psíquica primeira nos objetos, é uma transferência que transforma o enigmático e imaterial das experiências psíquicas em perceptível, materializável e sensível. A materialização perceptiva a torna manipulável, apropriável, transformável para ser usada para brincar, utilizando-a, também, para simbolizar a experiência subjetiva que desde agora ela abriga.

A dependência primitiva

Este vem a ser o tópico de meu maior interesse neste estudo, pois me dirige ao trabalho clínico. Trata das primeiras relações mãe-bebê baseadas em sensações, prazeres, afetos e sua constituição na identidade do sujeito. Tenho ainda por interlocutor Roussillon, que adicionou outra vertente a meu conhecimento anterior a respeito desse funcionamento mental primitivo, antes pautado em autores como Klein, Tustin, Bion, Botella e, sobretudo, Winnicott.

Ao partir da clínica com pacientes nos quais o sofrimento era narcísico-identitário, quer dizer, pacientes cuja identidade apresentava-se ameaçada, amputada, Roussillon foi se dando conta de que a questão em jogo era o confronto do encontro com o mesmo, com o semelhante, com o "duplo". Apesar da ressalva que faz ao fato de o encontro do semelhante só ter lugar numa dialética com o encontro do diferente, pareceu-lhe pertinente, para esses casos de questões identitárias mal resolvidas, o foco poder se cingir apenas ao trabalho de organização da figura do semelhante (ROUSSILLON, 2008b).

A noção da reconstrução desse vínculo primitivo deve se basear em formas de satisfação cujo fundo da experiência (de satisfação) supõe a construção e o encontro de um objeto "duplo" de si mesmo. Explicando o que Roussillon (2008b) entende por "duplo": um duplo é outro, se o duplo não for outro não poderá ser um duplo; a referência ao duplo exclui a confusão psíquica. Não se trata nem de uma forma de indiferenciação, nem de fusão. O duplo é um semelhante; ele se torna um semelhante no encontro. Um duplo terá de ser suficientemente o "mesmo" para poder ser um duplo de si, mas ele deve ser suficientemente "outro" para não ser si mesmo. Para que exista certa qualidade de prazer "homossexual (homossensual) primário em duplo", o outro deve ser encontrado como um semelhante naquilo em que é um semelhante, mas, também, naquilo em que quer se tornar semelhante, naquilo em que aceita partilhar os mesmos estados de ser, os mesmos estados de alma. O conceito de relação homossexual (homossensual) primária em duplo tenta, então, apreender no âmago da experiência de satisfação do narcisismo primário e na "coreografia" estabelecida no encontro da função de espelho primário (Winnicott foi o primeiro a reconhecer), quando o objeto primário aceita de maneira satisfatória esse papel de espelho.

Roussillon chama a atenção para um fato bastante significativo: sempre existiu uma oposição epistemológica muito marcada entre percepção e representação; entretanto, corre paralelo o fato de sabermos que a percepção é um processo fortemente organizado e ativo, o qual se organiza a partir de algumas pré-formas que levam a configurar a representação, uma forma mais complexa e organizada da mesma. Portanto, é inegável o *continuum* que existe entre as duas: a representação é a continuidade da percepção. Com essa última hipótese, diz Roussillon, pode-se confirmar a construção de modos de ligação preconizando uma clínica para reconstruir a ligação esgarçada entre o par. A maneira pela qual a dependência primeira será subjetivamente vivida vai depender sensivelmente da maneira pela qual as ligações primordiais vão ser construídas, e, principalmente, da qualidade do prazer que essa ligação vai contribuir em organizar. A troca dentro-fora é uma troca entre dois sujeitos mediatizados pelo corpo de um e o corpo de outro, e pela maneira singular de habitar cada um seu próprio corpo. Nesse contato, ambos se comprometem libidinalmente animando seus corpos desde o primeiro momento juntos (ROUSSILLON, 2007).

O modelo e a hipótese de uma "homossexualidade (homossensualidade) primária em duplo" dizem respeito inicialmente à relação primeira entre mãe-bebê, mas supõem que, além das complexificações que a história posterior irá acrescentar a esse esboço inicial, o fundo dessa relação primeira permanece sempre mais ou menos ativo ao longo da vida.

Roussillon explica que é a partir do prazer extraído no *ballet* do reencontro com o semelhante, o duplo, "[...] um outro percebido em seu movimento de espelho de si mesmo" (ROUSSILLON, 2008b, p. 122), de onde advém o nome de relação "homossexual primária, guardada no fundo dessa relação".

Esse processo deve se estabelecer em dois níveis intrincados, porém distintos: o primeiro nível trata de uma partilha estésica, de um ajuste e de uma partilha de sensações corporais – por isso ser chamado de homossensual"; o segundo nível trata de uma partilha emocional, de uma harmonização afetiva.

- **A partilha estésica**

É o nível primeiro e mais fundamental, pois condiciona o primeiro investimento libidinal do corpo. Pode ser observado a partir da "coreografia" do ajuste mimo-gesto-postural recíproco entre mãe e bebê. Aos gestos, mímicas e posturas de um, correspondem e se ajustam, de maneira próxima, os gestos, mímicas e posturas do outro. A procura, o encontro e o distanciamento um do outro, assim como a "respiração" do movimento recíproco, formam uma espécie de "coreografia" corporal na qual se ajusta, se comunica e se transmite um cortejo de sensações que serão tanto partilhadas como reguladas. O investimento do corpo e das sensações corporais do sujeito passa para o encontro com o investimento do reflexo que o objeto lhe comunica de volta através de seu próprio ajuste.

Esse processo quase não é visto a olho nu: através de gravações, é possível perceber o *ballet* na relação em duplo. Em grande parte, o ajuste recíproco é inconsciente, não simétrico, embora proceda por correspondência simétrica. Ao gesto do bebê vai corresponder um gesto da mãe. Cada um se ajusta ao outro; tentam se harmonizar um ao outro: os meios de cada um dos participantes não são similares.

As capacidades de transferência sensorial "amodal" (não simétrica) que existem de entrada e, sem dúvida, persistem por toda vida, permitindo estabelecer correspondências de um sentido a outro, de um movimento a outro, de uma percepção sensorial ao movimento correspondente, são essenciais para fazer compreender como outro pode ser também um duplo. O duplo pode ser um espelho "exato" ou um espelho amodal (num modo próximo, não simétrico), mas sempre será um espelho se ajustando, um espelho que se define pelo próprio processo de ajuste.

Três são as características que Roussillon pinça nesse contexto para ajudar na compreensão de como essa relação "em duplo amodal" se estabelece.

A primeira diz respeito às capacidades inatas de "imitação" do bebê, quando o espelho está mais próximo de sua forma matricial. Um diálogo mimético pode assim começar a ter lugar: o bebê e sua mãe podem responder um ao outro sob forma de ecos e assim começar a ser explorados do interior, os movimentos do outro. Certo conhecimento dos estados estésicos e afetivos do outro parece assim começar a se desenvolver. A hipótese clínica seria a seguinte: graças à imitação corporal, torna-se possível uma primeira forma de empatia de sensações e estados do outro (ROUSSILLON, 2008b).

A segunda característica diz respeito à capacidade do bebê de poder antecipar os movimentos de sua mãe para poder entrar no *ballet*. A mãe não encontra dificuldade em seguir seus próprios movimentos profundos e espontâneos. Entretanto, como pode o bebê antecipar os processos manifestados por sua mãe? (ROUSSILLON, 2008b).

O bebê é dotado de capacidade para localizar, organizar, decompor e conceber os ritmos dos movimentos ou percepções do outro. O ritmo corresponde a uma primeira forma de organização da temporalidade, o que possibilita que ele faça certa predição em relação à mãe e seus movimentos. O ritmo define uma sequência, permite antecipar uma sucessão, localizar uma regularidade e, portanto, predizer a sequência seguinte. Mas é necessário compreender essa capacidade dos bebês de localizar ritmos como sendo ainda uma apreensão "amodal". O bebê pode transpor os ritmos "ouvidos" em "ritmos vistos" ou em movimentos rítmicos; pode decompor a melodia dos gestos e transpô-la em "melodias" cinestésicas, auditivas ou visuais (ROUSSILLON, 2008b).

Somente quando a mãe é imprevisível, caótica e brusca, a capacidade do bebê de antecipar não pode funcionar, pois essa modalidade da mãe ultrapassa sua possibilidade psíquica de estabelecer os requisitos de um ritmo antecipatório. Quando os gestos da mãe não são desmesurados, o bebê se apoia, com impressionante aptidão, em se apossar dos delineamentos rítmicos que se deslocam dos movimentos maternos (ROUSSILLON, 2008b).

O terceiro ponto de realce é o que Roussillon chama de jubilação, que corresponde a um afeto de êxtase, um afeto de prazer estético presente na "ecoização" estésica própria da coesão e harmonia da coreografia primeira (ROUSSILLON, 2008b). O investimento do rosto e do corpo da mãe se ajustando aos movimentos e estados estésicos internos do bebê produz um sentimento estético e uma jubilação nos quais ele percebe o reflexo de sua própria beleza potencial, de sua coerência e de sua harmonia. Se o bebê for bem refletido, ele é belo, sente-se bem; se ele for mal refletido, ele se sentirá feio, portador de mal-estar. É o investimento do processo no qual o bebê se sente refletido pela mãe que regula o estado estético do bebê, seu estado de alma e de ser (ROUSSILLON, 2008b).

Além de a "partilha estésica" começar a explorar sensações e as primeiras formas de afetos, vai também explorar os primeiros processos psíquicos de transformação e de tratamento dos estados internos, chamados por Roussillon de "simbolização primária". O narcisismo primário, o investimento do próprio corpo e de seu funcionamento pelo bebê, não é nem direto nem imediato. Deve atravessar o período de partilha estésica, depende da mediação do investimento oferecido pelo objeto; ele se constrói em função da natureza e do tipo de ajuste e de espelho que o objeto primeiro lhe propõe (ROUSSILLON, 2008b).

Anzieu (1988) (ver "Contribuição técnico-teórica sobre a sonoridade primitiva", na página 137) sempre reforçou esse ponto de que os processos psíquicos encontram nas sensações e experiências corporais a matéria primeira de sua colocação em forma e de sua organização.

É, assim, possível entender o investimento do objeto se superpondo ao investimento de si mesmo, sem antagonismo, contanto que o investimento do objeto venha refletir ao sujeito seus próprios estados ou estados correspondentes numa modalidade próxima.

Se houver um fracasso nessa primeira coreografia corporal, vão se constituir falhas narcísicas que irão propiciar as primeiras "facilitações" para as chamadas doenças psicossomáticas, bem como para as formas futuras de dependências problemáticas.

Roussillon (2008b) acredita que a ocorrência de uma partilha estésica bem encenada é um pré-requisito para ter curso a relação do tipo de "encontrado-criado", que vai introduzindo modificações no tipo de dependência que agora se coloca na criança pelo desejo do ajuste da mãe. É, então, que começa a ser dado ao sujeito o estatuto de um verdadeiro sujeito, o que irá ser confirmado pelos ajustes emocionais vindouros. Ainda durante essa fase, na relação ao seio, ainda pelo ajuste estésico, podem ter lugar experiências de agrupamento que vão possibilitar o investimento numa primeira forma de agrupamento da "nebulosa subjetiva" libidinizada e ligada psiquicamente. Existe aí uma primeira forma possível da "capacidade de síntese de eu", isto é, de junção de elementos disparatados, mas associados, constituindo-se na própria capacidade associativa. No caso de não ocorrer essa experiência de ligação e associação, a futura capacidade de síntese do processo de subjetivação ficará comprometida.

- **A partilha afetiva: a harmonização emocional**

A partilha estésica forma um fundo (uma base) sobre o qual vai se estabelecer a possibilidade de uma harmonização emocional. O investimento de percepções vindas do próprio corpo produz sensações e os primeiros estados afetivos, os quais prefiguram os futuros estados emocionais do bebê: existe um *continuum* do afeto da sensação ao afeto da emoção. Da mesma maneira, o ajuste em "duplo amodal" vai se prolongar em uma harmonização emocional, construindo-se numa direção, até que o objeto seja concebível" como diferente de sua representação interna.

A tônica do afinamento afetivo vai estar baseada em movimentos alternados entre um funcionamento em "duplo amodal" e movimentos que possibilitem um encontro e um afastamento suficiente, tendo em vista as modalidades de expressão emocional que buscam evitar confusões entre o par da relação. Outra característica da relação em afinamento emocional, presente também no ajuste estésico, pode ser constatada na relação mãebebê: um movimento, um processo, uma tendência relacional que guarda bastante diferença de "estados emocionais", ou de "dados imediatos". Esse movimento consiste na expressão da pulsão que se expressa tanto pela descarga como pelo valor de comunicação atribuído à pulsão.

A função de partilhar o prazer primeiro que circula entre a dupla mãebebê é permitir que certas qualidades afetivas de prazer possam se compor de acordo com o prazer reverberado pela mãe, no sentido de permitir que o bebê possa experimentar o prazer.

Todas essas considerações sobre o prazer e suas diferentes caracterizações convidam a estabelecer uma diferença entre o prazer-descarga e a satisfação subjetiva que resulta do prazer da ligação. O prazer ligado à descarga pulsional não produz, necessariamente, um sentimento de satisfação, o qual vai depender da existência da partilha do afeto, da partilha do prazer, do objeto e do seu prazer, e não somente das excitações pulsionais ligadas às zonas erógenas ou ao abaixamento de tensões ligadas à autoconservação.

Quando alguns desses elementos do prazer faltam em sua contribuição à experiência de satisfação, as dependências alienantes ou independências artificiais têm origem. Nesses quadros, a regulação e a organização da "homossexualidade (homossensualidade) em duplo" são determinantes: condicionam a mutualidade, a reciprocidade suficientes para tornar a dependência tolerável, atenuam o ferimento que ela representa para o eu, acalmando algum sentimento de impotência.

O trabalho criado por essa modalidade do homossexual (homossensual) em duplo é que vai permitir dar um valor estruturante e organizador a essas questões de desigualdades, de diferenças mobilizadas por situações de dependência e geradoras de agressividade.

Sequência do Trabalho Clínico com Bia à Luz da Simbolização Primária

Após ter feito um longo percurso de investigação teórica, volto a examinar alguns fragmentos das sessões de Bia, desta vez munida de novos conhecimentos clínico-teóricos com os quais procuro estabelecer um diálogo.

O trabalho com Bia foi intenso no desenrolar desse ano. Os delírios diminuem sensivelmente se reservando o direito de aparecerem numa forma que Bia chamava de "tempo das vidas passadas".

A sessão abaixo aborda esse tema.

Tempo das vidas passadas – subjetivação do tempo dentro da continuidade de seu ser

A mãe de Bia nesse dia está com a cara muito satisfeita e diz: "Está indo…"

Bia entra já falando bastante "dele". Está andando para cá e para lá (indicação clara de ansiedade) e fala:

– Ele sempre me acompanha, me protege… eu vou te contar, Eliana Rache – e repete a mesma história.

Pergunto:

– Quem é essa pessoa?

Bia não responde, mas continua com a história. Resolvo interrompê-la de outra maneira:

– Essa pessoa é Jesus?

Ela me responde dizendo que foi a Tia Joana (uma tia beata)... interrompe, fica irritada e me passa bronca:

– Eliana, já te disse que se você continuar fazendo gracinhas eu não venho mais aqui.

Pergunto:

– Hoje é dia de história de ficção? – Bia já tinha estabelecido que alguns dias iriam ser destinados para histórias de ficção e outros para histórias que não eram de ficção.

A paciente responde que sim, e segue falando que a pessoa tirava a maldição de tudo, "e sabe, eu preciso falar, tia Eliana Rache, não me interrompa". (Lembrou-me imediatamente a paciente de Freud, Elizabeth V.R., que lhe pedia para retirar sua mão, que pressionava sua fronte, para que ela pudesse falar livremente).

Bia diz:

– Eu era uma mulher solteira muito linda e era colecionadora... de brincos, de receitas (objetos de seu uso agora) e depois ela morreu, desencarnou e entrou na barriga de minha mãe e sou eu – a Bia – é só essa a vida passada que eu sei, as outras eu não sei nada. É um mistério." (Sua mãe é que diz que havia coisas que eram um mistério, e aqui Bia repete a palavra mistério).

Penso que, quando Bia conta de maneira tão lógica sua origem, ela transmite o que foi explicado a ela quando a mãe a levou a "tomar passe" em uma senhora espírita. Bia guarda essa explicação como se fosse o que teria motivado seu mal-estar. Em outras vezes em que falava de "vida passada", eram histórias trazidas de vez em quando, estando Bia mais ou menos integrada.

Digo a ela:

– Agora eu compreendi. Bia, em "sua vida passada", quando você era bem pequenininha, talvez com dois anos, você perdeu o lugar de menina maravilhosa, porque seu irmão é que entrou na barriga de sua mãe, e isto fez você sofrer muito, então você cria a história da mulher linda, e que foi você que entrou na barriga da sua mãe.

Bia põe-se a me recriminar como se fosse eu que tivesse contado toda essa história. O *splitting* do delírio era evidente, e a impossibilidade de ouvir minha interpretação também o era.

A hora termina e antes de sair Bia deixa a sala toda arrumada. A impressão que me dá é que, voltando para a realidade das coisas – a arrumação das coisas da sala –, Bia procura garantir o controle de que nada está fora do lugar e que nenhum "pensamento mau" vai atingi-la.

Depois dessa sessão na qual coloco a "vida do tempo passado" como sendo "a vida de um tempo passado 'dela'", sinto-me muito à vontade para repetir esse *modus operandi*. O resultado vem logo a seguir, quando Bia praticamente não vai mais falar do "tempo das vidas passadas". Acredito que foi o disparador para a introdução do tempo cronológico em seu psiquismo – uma conquista sem fronteiras. Nessa minha interpretação, considero Bia como um sujeito com um tempo de "continuidade de seu ser", no qual coisas aconteceram: o nascimento do irmão, seu inconformismo e seu desejo de voltar à barriga da mãe, tempo do traumático subtraído de sua apropriação subjetiva. Dentro da crença espírita, o conteúdo do delírio. "Eu era uma mulher solteira muito linda...". Passa a ser aceito, sendo alocado em outra realidade extrassensorial, "tempo das vidas passadas", uma explicação defensiva em que a clivagem do sujeito fica evidente e mantida.

Recortes de melhoras

Passados dois anos e meio de trabalho com Bia, conseguimos algumas mudanças promissoras em nosso contato, que logo se refletiram no psiquismo dela. Algumas vezes, conseguia falar com uma voz modulada e fazer contato "olhos nos olhos". Ficava brava quando algo não saía como ela queria – mas não perdia o controle, nem se desorganizava como antes.

Mantém-se muito mais tempo ligada comigo, dentro de alguma atividade, do que dentro de seu mundo delirante.

Consegue acompanhar a escola de modo satisfatório e brincar na sessão, apesar de serem brincadeiras mais organizadas, de cunho menos espontâneo.

Bia me prepara uma surpresa – trabalho de partilha estésica

Bia entra na sessão, me olha da cabeça aos pés e diz:

– Você está com uma calça igualzinha à que eu ia comprar na loja, de bolsos atrás com risco no meio. Quando chegar na loja eu vou comprar, mas não é porque você tem, mas porque eu quero.

(Não disse nada para não interromper o clima afetivo que se anunciava, mas fica registrado como está sendo importante para ela me fazer saber que ela não me copia, que ela tem vontade própria. Está numa grande identificação comigo – quer ser loira – e basta eu estar de roupa diferente, como hoje, que ela diz algo e me olha da cabeça aos pés).

Ela diz:

– Hoje eu tenho uma surpresinha que te preparei em casa. Você vai fazer estas lições e depois tem a surpresa.

Respondo:

– Tudo isso? (Me referindo ao tanto de lições que eu teria de fazer).

E o diálogo prossegue:

– É para você acabar logo o caderno.

– Tá, eu começo por isso, mas vai dar tempo para a surpresa?

– Vai, comece logo.

Percebo que ela está mais calma e o fato de me preparar algo em casa é a maneira de ela ficar ligada a mim e também inverter os papéis – ela é a mãe-professora e eu a aluna-Bia.

Vou fazendo as contas, percebo que não fiz no lugar certo e digo que "não pus na estratégia". Ela pega a borracha e apaga com muito boa vontade.

E assim vou de lição em lição. É impressionante como essa atividade a contém, não obstante tender a torná-la obsessiva. É o falso-*self* funcionando; entretanto, necessário... até quando e como?

Quando termino tudo, digo "terminei" e levanto o braço.

Ela tenta me mostrar alguma outra coisa e digo:

– E a surpresa?

Bia diz:

– Então olhe aqui...

É um livretinho onde escreveu: "Meus amigos imaginários". Começa a ler para mim:

– Wilson primeiro jacabou (nunca tinha falado nesse amigo imaginário. Depois entendo que esse primeiro amigo imaginário, o Wilson jacabou, é o primeiro amigo imaginário e o "jacabou", que pensei que fosse o nome aposto, que ela inventava, na verdade é o que não existe mais, já acabou).

Digo que achei muito legal a surpresa, que vai me ajudar a poder ajudá-la.

Depois tem outros amigos imaginários: O Alah, a Bia 4 e o Patrãozinho. É difícil perguntar para saber alguma coisa sobre esses amigos imaginários, pois a excitação de Bia é enorme.

Já era um fato conhecido para mim que, cada vez que Bia se entregava mais em sua ligação comigo, e hoje era uma dessas ocasiões, levantava-se uma cortina de fumaça de excitação no seu contato comigo, que a deixava falando sozinha de novo. A coreografia, da qual fala Roussillon (2008b) no tempo da partilha estésica, entre Bia e eu, e que caracterizou a primeira parte da sessão, podia ser encontrada num ajuste da procura, encontro e distanciamento de uma para outra, ao ser comunicada uma atmosfera de bastante harmonia, que era sensoriamente percebida por mim.

Bia vinha adquirindo um ritmo diferente, o que foi muito visível nessa sessão através de sua postura, de seus gestos, de seu vai e vem das coisas até mim. O ritmo define uma sequência, permite antecipar uma sucessão, localizar uma regularidade e, portanto, predizer a sequência seguinte. A mãe de Bia tinha uma natureza brusca e esse traço se repetia no jeito de ser de Bia, o que, aliás, era o que vinha mudando.

Além de estar muito evidente sua identificação comigo, Bia deu um grande passo transportando para o papel o que só estava contido no delírio: os amigos imaginários, ao mesmo tempo, tendo endereçado esse livro (papel, escrita, objeto concreto) à minha pessoa. Bia tem condições de se retirar do domínio privado, seus delírios, para o domínio público, a analista.

Trabalho do paradoxo – nasce o objeto transicional

Recupero aqui a mesma sessão já descrita para analisar as diferentes vozes de Bia. Desta vez o recorte recairá sobre o trabalho do paradoxo e o nascimento do objeto transicional

Antes de entrar na sala de ludo, Bia mata pernilongos no banheiro. Esse procedimento já vem vindo de um mês para cá, como se fosse uma purificação do nosso encontro, para que o contato permanecesse sem danos, nem agressões.

Está continuando o movimento de me dar lições de números, só que fica um pouco aflita, pois não achou o caderno que tinha me preparado em sua casa. Resolve então perguntar-me se eu tinha uma receita de alguma coisa de baunilha. Digo que sim e pergunto-lhe se gosta de pudim de baunilha. Ela me responde que sim e logo diz como uma professora:

– Escreva: pudim de leite... pudim de leite...

É a voz monocórdia, semipastosa que anuncia o delírio, ou que está ficando distante. Fala mais rápido e baixo:

– Tem uma parede, essa parede está caindo e atrás da parede tem um buraco escuro e os mortos vão para lá, pode ser morte por tiro, por doença incurável, por outros motivos, ele... ele era pequeno e tinha ido para lá (tenho a impressão de que fala do irmão), o tio Paulo quando morreu também foi para lá e eu não era assim a Bia, depois é que fiquei a Bia.

Tenta retomar o pudim de baunilha, mas não consegue, a força do delírio é maior.

Digo:

– Essa parede vai cair? E que tal se puxássemos você para o lado de cá?

Faço um desenho na lousa: a parede caindo, o buraco negro e Bia, que através de uma flecha que desenho, transporto em minha direção.

Faço também um movimento de corpo. Ela me fita nos olhos e diz:

– Não, Dra., não quero que você fale nisso. Não existe buraco nenhum. Não existe nada disso.

Está brava comigo. Diz que vai sair e vai fazer o lugar dela na outra sala. É visível sua irritação, mas o descontrole de outras vezes não está presente.

Ela se dirige para o quarto contíguo e eu fico onde estava. Dali a dois minutos ela me chama:

– Venha, Dra.

Vou a seu encontro e ela diz:

– Me ajude a fazer uma casa para nós duas.

Ao que eu respondo que sim, enfatizando o "nós duas". Bia diz:

– É. Agora você ficou boazinha. Antes você tinha ficado chata.

Entramos na casinha as duas e ficamos sentadas lado a lado. A passagem do atributo chata para boazinha, dirigido a mim, deu-se num tempo bem mais rápido do que lhe era habitual, e o espaço onde cria sua casinha também é contíguo (sala) àquele onde o delírio tinha se manifestado.

O trabalho da casa é feito com isopores, e daquela base bidimensional onde estávamos sentadas as duas, pegamos outros pedaços do mesmo material para levantar as paredes e de fato construir uma casinha tridimensional, até mesmo com telhado. Essa ideia tinha sido minha e Bia logo executa a sua ideia. Coloca um cartaz: "Atenção meninos e meninas, não mexam. Esta casa pertence a Dra. e a Bia". Era um construir juntas com as ideias entrelaçadas de uma e de outra. Ressoava em mim a vivência de deixar as "invenções" rolarem... Nada era só de uma ou de outra. Estávamos participando de um fenômeno transicional.

Era um esboço, ainda, um apagado delineado do paradoxo que Bia experimentava.

Nessa sessão Bia conseguiu materializar sob a forma de casinha um objeto transicional, primeira posse não-eu e ir abrindo um caminho para os fenômenos transicionais, para o pensar paradoxal. Tenta impedir minha entrada em seu delírio, que me parecia a expressão de seu lado agressivo, cego e sombrio, entretanto Bia não podia mais negar que a parede estava caindo! O lado de lá (buraco negro) não estava mais separado pela parede.

Bia não grita comigo, verbaliza sua indignação com raiva, mas com firmeza.

Aceito o que diz e fico pensando se eu teria me adiantado em minha tentativa de entrar em contato com seu delírio. Era difícil criar uma ponte entre o delírio e uma situação de confiança na relação comigo. Bia deveria ter me sentido intrusiva pelo tipo de reação que tivera: "Nunca mais fale nisso Dra., o buraco negro não existe." Como não a contesto, somente me coloco no aguardo, Bia pôde retomar comigo a ruptura que tinha havido na sessão, e em algum momento em sua vida.

Após a reprimenda que eu levara e seu afastamento físico de mim, me convida para construir uma casa com ela para nós duas. Além de a casa representar um continente onde se vive, essa possibilidade materializada permitia albergar sua raiva, que agora podia continuar num espaço reconstruído com sentimento amistoso do fazer junto. Ambos sentimentos podiam propiciar a Bia a continuidade de seu ser, que também se expressava na construção da casinha. Bia fica animada com o levantamento das paredes e o trabalho feito por nós duas, enquanto eu tinha a vivência de que algo muito precioso e delicado estava tomando forma. Percebo-me nesta hora respirando com muito cuidado, e, em seguida, compreendo que era o receio que o meu respirar pudesse derrubar "toda a nossa construção".

Winnicott (1990) nos conta que, em determinados estados de regressão, quando o paciente se torna um bebê, são revividos problemas ligados à respiração, associados aos primeiros tempos após o nascimento e ao processo do nascimento em si mesmo. No caso, ele está se referindo a pacientes e não ao analista. *Mutatis mutandis*, que o analista, no caso eu, em determinados momentos sofra esse processo de regressão que se expressa ao nível da respiração durante uma relação delicada emocionalmente com o paciente, acredito ser um sinal significativo. Em outras sessões o mesmo fenômeno respiratório aconteceu comigo em momentos de grande tensão e construção emocional.

As características de transicionalidade de que Winnicott fala, presentes nos movimentos e expressões afetivas de Bia, encontram-se bem ilustradas nessa sessão: o movimento entre o dentro e fora, o misturar da alucinação interna com as propriedades materiais dos objetos, o misturar do "criado" internamente ao "encontrado" no mundo externo. Bia "encontrou e criou" a casinha, como também a tinha "criado e encontrado".

Na sessão seguinte Bia passa reto pela casinha, e não dá a menor importância a ela. Diz:

– Sabe, Dra., hoje vamos falar só de coisas da realidade, nada de ficção.

Eu digo, meio desapontada:

– É mesmo?

Bia retruca:

– É isso mesmo, porque eu não venho para a terapia para ficar fazendo gracinha, inventando coisas...

Nesse momento não tenho dúvida de que o paradoxo do objeto transicional estivera presente em nossa sessão do dia anterior. Hoje Bia se defende ao fazer um *splitting* entre as coisas da realidade e as coisas da ficção.

Penso poder dimensionar através dessas correlações o que Winnicott chamou de paradoxo fundamental: o paradoxo do objeto transicional, o qual, segundo sua fórmula, diz: o objeto terá de ser encontrado para ser criado e criado para ser encontrado. Segue Winnicott: "Eu peço que um paradoxo seja aceito, tolerado e jamais resolvido". Portanto, é necessária uma ilusão para que o objeto seja fundado, mas ao mesmo tempo "é fundamental que o objeto exista de fato para que a ilusão ganhe valor" (1975, p. 4).

De acordo com Roussillon (2008a), pode-se entrever, no trabalho de Winnicott em relação à transicionalidade, uma maneira de se apresentar, uma simbolização rudimentar, que só ocorre numa intricação estreita, onde não há mais o limite entre realidade interna e externa. Esse tipo de simbolização é uma atividade que está condicionada e é condicionável às particularidades do ambiente. Não resulta de um dado automático da experiência subjetiva, isto é, ela pode fracassar, a qualquer momento, seja em relação aos objetos ou em relação ao sujeito.

E assim caminha a teoria da simbolização implícita no trabalho de Winnicott, trabalho de simbolização, sem nenhuma ordem simbólica preestabelecida.

É uma teoria de processo, uma teoria de movimento, que permite apenas à psique emergir em sua condição portadora de vida.

O trabalho a dois continua – a capacidade de estar só ainda não é possível

Numa outra sessão o trabalho "a dois", iniciado na sessão do paradoxo, continua a existir. Bia vai para a lousa, fica na posição de professora e começa a me contar numa voz um pouco monotônica:

— Conheço 60 cores e minha mãe me apresentou mais cinco cores, mas não consigo me lembrar.

Só se lembra do verde jade. Está sendo uma frustração não poder lembrar, mas ela vai adiante aguentando a frustração sem muito alarde!

Lembra-me de que tenho que ditar para ela – ela escreve na lousa bem melhor: não está juntando mais as palavras e a letra está bem bonita. Diz que vamos fazer nós duas um caderno muito colorido de receitas com uma capa toda pintada.

Chama-me a atenção – o fato de sermos nós duas –, depois que começamos a fazer a "casa de nós duas", o movimento continua de fazermos coisas "nós duas". Pergunto:

– Posso copiar aquela primeira parte da receita?

Ela decide que sim e enquanto isso ela vai pintar a casinha na sala ao lado. Assim sendo, cada uma fica numa sala fazendo trabalhos diferentes.

Enquanto Bia pinta, comenta alguma coisa do tipo:

– Vou pintar o chão de vermelho...

Enquanto está pintando a casa diz:

– Estou louca para ver essa casa pronta!

Dali a pouco emenda com um delírio, voz baixinha, como se estivesse falando para si mesma: "a menina estava nua no banheiro, sem calcinha, sem *soutien*".

Nas sessões anteriores os delírios haviam diminuído significativamente e, como ela estava tão conectada comigo, eu não esperava essa irrupção delirante.

Em seguida murmura baixinho: "Desculpe, tia Eliana Rache" – era uma desculpa verdadeira –, "senão depois eu fico chorando".

Bia diz:

– Eliana, nós não precisamos ficar em silêncio, nós podemos conversar, eu aqui, você aí.

Tive a nítida impressão de que a minha companhia era requisitada para que, em estando junto dela, pudesse evitar que o delírio tivesse continuidade.

O chamado de Bia traz a ressonância de um belo ensinamento de Freud. Cito-o:

> Em crianças, as primeiras fobias relativas a situações são aquelas provocadas pela escuridão e pela solidão. A primeira destas frequentemente persiste por toda a vida; ambas estão envolvidas quando a criança sente a ausência de alguma pessoa amada, que cuida dela – ou seja, sua mãe. Enquanto encontrava-me no aposento ao lado, ouvi uma criança, com medo do escuro, dizer em voz alta: "Mas fala comigo, titia. Estou com medo!" "Por que? De que adianta isso? Tu nem estás me vendo". A isto a criança respondeu: "Se alguém fala, fica mais claro". Assim, um anelo sentido no escuro se transforma em medo do escuro (FREUD, 1916-1917, p. 476).

Bia sente medo. Medo de que seja invadida por seus impulsos quando está só: "a menina estava nua no banheiro, sem calcinha, sem *soutien*". Essa ilustração clínica convoca um adendo de Roussillon à noção de "capacidade de estar só" (WINNICOTT, 1990), sendo então entendida como a "capacidade de estar só diante de sua pulsão e na presença do objeto" (ROUSSILLON, 1991). A questão só se coloca se houver um objeto presente e investido em relação a um sujeito. Ao se alargar essa fórmula de Winnicott, é possível reconhecer uma dupla face nessa atitude para com o objeto: a face pulsional de um lado e a face objetal de outro. Clinicamente, Bia pôde me chamar quando se encontrou em dificuldade na metabolização de suas pulsões. Eu servia então como a face objetal que podia lhe prestar ajuda, porque tinha confiança em mim, enquanto objeto pulsional. A experiência de solidão diante do outro corresponde à matriz de um tipo de desenvolvimento autoerótico, um jogo autoerótico com a representação do objeto em presença do objeto. Essa experiência permite diferenciar objeto percebido da representação interna do objeto. Diz-nos Roussillon

(2008b, p. 36) que é uma experiência essencial para apropriação subjetiva da representação de objeto e sua simbolização interna para permitir o desligamento progressivo da percepção de objeto. No caso de Bia, em que não tinha sido levada a cabo a diferenciação eu/não-eu, as pulsões estavam à espreita para transbordar, quando Bia me diz: "Eliana, não precisamos ficar em silêncio, podemos conversar, eu aqui, você aí." Nesse momento Bia corria o risco de ultrapassar as capacidades autoeróticas de ligações e o paradoxo da capacidade de estar só poder se desfazer.

Delírio captado em *statu nascendi*

Essa sessão vai mostrar com toda propriedade a formação do delírio de Bia – é a possibilidade de captá-lo em *statu nascendi*.

Bia está fazendo comigo um trabalho de números que está aprendendo no colégio e os traz para mim em forma de lição, numa atitude mais relaxada que antes.

Está muito interessada no que estamos fazendo, mas numa determinada hora se põe a argumentar comigo a respeito da dezena ou centena: nossos resultados das contas não batiam. Eu tinha um resultado e ela tinha outro. Eu não abri mão do meu resultado e ela começou a querer me contestar e já ia começar a ficar agressiva.

Eis que eu tive uma ideia: "Bia, vá lá perguntar a sua mãe qual é o resultado e veja o que ela diz." A mãe sempre a esperava na sala de espera, e num minuto para lá ela se dirige com o papel em busca do árbitro.

Quando volta, já desce as escadas resmungando meio baixo de uma forma delirante. Dizia ela: "foi um acidente horrível, ela se machucou, todos gritaram!"

Nunca foi tão explícita a substituição de seu sentimento de frustração (sua conta não estava certa; era a minha a correta) por uma cena desastrosa, organizada em forma de delírio. Todas essas conjeturas passaram rapidamente pela minha cabeça até Bia chegar à mesa onde trabalhávamos.

Então pergunto:

– O que a mamãe disse?

Não muito facilmente responde que era o que eu estava dizendo. Não comento nada porque a humilhação, segundo seus padrões, já tinha sido forte demais a ponto de provocar a vivência delirante.

Bia não conseguia me contar que tinha errado a conta, ela reproduz seu mal-estar através desse relato delirante: "acidente, todos se machucaram, todos gritaram". Uma tentativa de colocar distância em seu sofrimento encarcerando-o dentro de outro cenário – o delirante.

A introdução do tempo cronológico

A questão da introdução do tempo cronológico é trazida por Bia de forma espontânea, mas parece que ela precisa fazer um certo exercício para suas lembranças irem clareando. Bia andava com a questão de preparar lições para mim e parecia que havia uma ordem em sua cabeça que dizia que ela não podia ficar "imaginando", que não vinha aqui para terapia para ficar "imaginando". Ela diz:

– Imagine, minha mãe paga um dinheirão para eu ficar imaginando!

Começa a escrever na lousa algumas datas: quando nasceu, quando me conheceu e quando começou a ter os "pensamentos maus". Mostra que está tendo uma noção de presente, passado e futuro, primeiro passo decisivo para o alargamento de seu universo mental.

Então retoma quando ela nasceu, quando o irmão nasceu:

1997 – Nascimento de Bia;

2001 – Escola do Infantil;

2003 – Pensamentos; Ano em que me conheceu;

2004 – Escola Fundamental.

Começa a poder falar do passado espontaneamente.

Conta-me que ela teve duas psicanalistas – a Joana e a Tânia – e que as duas se mudaram e não a levaram com elas. "A psicanalista que eu mais gosto é da tia Eliana".

Está numa atitude muito amorosa comigo. Diz que queria ser loira – e fica com essa questão martelando até que um dia começa a chorar. Torna-se uma verdadeira ideia obsessiva sem saída, por que ela não quer tingir o cabelo... porque vai demorar muito tempo para ela poder tingir o cabelo, ela queria ter nascido loira.

Sem sombra de dúvida, relaciona-se a meu cabelo, porque muitas vezes ela pega no meu cabelo e fica passando a mão.

Conta sobre o colégio onde fez o Infantil, que ela não gostava, e começa a falar o nome de uma série de professores, uns de que gostava e outros de que não gostava.

Parece uma série de "lembranças provocadas", como nas pacientes adultas.

Sempre desconfio que alguém falou pra ela fazer isso, mas acho que agora está liberada para contar histórias e imaginar.

Bia já tinha me dado mostras de que conseguiria se organizar dentro de um tempo cronológico: quando "as vidas passadas" passaram a ser conhecidas como a vida do passado dela. Esse passado começou a ser historizado, procurando se tornar material de subjetivação, enquanto no meu relacionamento com ela os movimentos mais iniciais de partilha estésica e partilha afetiva se dispunham como a modelagem da relação. A experiência precoce não conhece o tempo, o limite e o relativo. Reside no absoluto de um presente eterno, realiza-se numa totalidade existencial. Quando é reativada na transferência, apresenta-se com as mesmas características existenciais, com o mesmo caráter absoluto, atemporal. A experiência precoce vivida antes da organização da temporalidade não contém indício temporal, entretanto sua reconstrução como experiência do passado, sua recomposição contextualizada reintroduz uma temporalidade onde não havia vivência e, assim, data, limita e inscreve esta última numa relatividade que permite à organização secundária reassumir suas funções. Como foi exposto acima, no momento em que eu pude começar a estabelecer um passado para experiências do "sem tempo" de Bia, histórias que me contava sobre sua vida, foi sendo reintroduzido o tempo, a temporalidade, o passado representativo do que se apresentava na transferência.

Um ano depois...

Sessão de forte sexualidade genital – trabalho de ligações antitraumáticas

Essa sessão de intensa manifestação sexual de colorido genital não é suscetível de interpretação dessa ordem nesse momento, pois existe evidencia de material mais primitivo que clama por trabalho de ligações antitraumáticas.

A mãe de Bia só poderia trazê-la se fosse às 8 da manhã. Aceitei diante do fato de que Bia, nessa semana, só viria uma vez, já que tem sessão 2as, 5as e 6as feiras, pois 5^a e 6ª feira seriam feriados.

A mãe de Bia, assim que senta na sala de espera e eu apareço para chamar Bia, diz:

— Levantou-se bem, disse que tem muitas coisas para falar...

Bia entra, descendo as escadas comigo em direção à sala de ludo e diz:

— Sabe, Dra., quando vou poder andar sozinha pela rua?

Pergunto:

— Você já conversou isso com alguém?

E ela responde:

— Sim, meu pai disse que só com 15 anos que vou poder sair sozinha.

Digo:

— Então você está querendo ver se eu penso como seu pai ou penso diferente do seu pai.

Bia nem dá bola para o que eu falei e diz:

— Sabe, Dra., é muito bom ser moça, vai para os lugares sozinha, não precisa esperar ninguém.

Prossigo com o diálogo:

— Hoje você esperou sua mãe para vir aqui?

— Não (Bia fica um pouco surpresa).

— Esse negócio de sair sozinha acho que é poder fazer as coisas como você quer, na hora que você quer e não precisar dos outros, mamãe que interrompe ao poder te trazer hoje às 8h00. (Queria transmitir o sentimento que para mim Bia transmitia, que se sai sozinha, é ela que não vai precisar ficar no meio da briga entre pai e mãe – pois agora o pai não ajuda mais a mãe a trazer e buscar Bia na consulta).

— Eu queria vir hoje falar dos meus pensamentos. A Maria Lucia (professora particular) disse que sou inteligente... mas, sabe, sou muito preocupada com meus estudos... Na verdade sei que sou inteligente, mas, imagine, errei "o nome de uma figura de geometria" (expressiva!) – fala de mais um erro e diz, que agora já tinha aprendido. – Não erro mais.

- Sabe, Bia, que eu acho você inteligente, porque agora você está aprendendo com o erro, você erra, aprende e tenta não errar mais. Mas, ainda assim, eu acho que a Bia Maioral (Bia Maioral é uma figura inventada, depositária de seus aspectos agressivos e exigentes) fica bravíssima com você quando você erra.

- É, agora Dra., estou evoluindo muito... Não tenho mais medo de ficar moça, de poder namorar, dançar, rodar com os vestidos (mexe com o corpo)... Sabe, vai ter dança na escola do "Tatu Embolado", é invenção do P. e do G. (professores de educação física)... (Começa a voz de queixa como imitação da mãe...) A gente fica rodando a saia e os meninos batendo o pé (olha um pouco fixo – com desagrado) e sabe (um pouco angustiada), é aniversário do meu irmão e vai ser a festa dele bem na hora da apresentação.

- E aí?

- Aí que é a festa do meu irmão.

- Ah, tá, e as pessoas da sua família vão só estar ocupados com seu irmão e não vão poder te assistir?

A questão conflitiva está centrada no elemento opcional e preferencial dos pais em relação à festa de aniversário do irmão. O desejo dela de ser vista e assistida pelos pais, ter o prazer de dançar, vira uma porcaria para ela não sofrer a exclusão e a rejeição dos pais e a escolha do irmão em detrimento dela.

Ela diz:

- Não, Dra., não é isso, é porque não gosto de rodar a saia na dança.

No ano passado teve "congada", eu também não dancei, eu não gosto dessas músicas regionais do Rio Grande do Sul (está um pouco irritada – mas ainda levemente. Começa a desvalorizar o que é seu, a sua "apresentação").

Pergunto:

– Então, por que você tem que ir? Você está me dando um montão de explicações e para você também quando é mais fácil você dizer: "eu não vou dançar".

Bia diz:

– Vamos abrir o escaninho (aqui para mim era muito claro que tinha se acalmado um pouco e ia se abrir mais um pouquinho) – abre e faz cara extremamente expressiva ao mexer em seu material. – Ih, ontem eu vi um ninho de aranhas horríveis daquelas pretas toda peludas (aponta para a parede); esse pensamento vinha toda hora na minha cabeça; depois também tinha um ninho de morcegos, mas esse não era tão horrível.

Ela só pode ver aranhas quando se abre a cabeça dela (o escaninho), o problema conflitivo é deslocado para as aranhas.

Pergunto:

– Não era tão horrível o morcego, por quê?

Bia responde:

– Ele é mamífero, põe ovo. É mais igual a nós. Eu não consegui tirar esse pensamento da minha cabeça, ficava me atordoando.

Quando fala do morcego, penso que fala do irmão no sentido do sugador de sangue, mas que é o mamífero que mamou na mãe. Parece uma ambivalência que aloca no irmão o fato de ser um igual e de ser um sugador.

Enquanto Bia está relatando tudo isso, fico achando que era quando

Bia já estava deitada para dormir, pois em outros momentos era quando esses delírios ou alucinações se passavam.

Mas Bia conta que era enquanto ela fazia a lição de casa que esse pensamento vinha. Ela diz ainda que não estava com vontade de fazer lição, estava com raiva de ter que fazer lição.

Então digo:

— Você está vendo, você estava com raiva de fazer lição, mas tinha que fazer ou achava que tinha, aí então aparecia o ninho de aranhas.

E Bia pergunta:

— O que devo fazer?

Digo a ela:

— Fazer? Bem, esse ninho de aranhas é invenção da Bia Maioral, porque ela te obriga fazer as lições, não te deixa ter raiva, nem da lição nem da escolha dos seus pais pela festa do irmão, e daí, em vez da raiva, aparece o ninho de aranhas. Você vai fortalecer a Bia, você pega um inseticida e *chuaaá* pra cima das aranhas – você acaba com as aranhas e daí pode não querer fazer lições ou ter raiva porque as aranhas não aparecem mais.

Ela dá muita risada. Achou muita graça com o *chuaaá*... (É às vezes um sentimento mais concreto de que lanço mão – entretanto, quero chamar a atenção para a possibilidade de essa menina poder sair das malhas do superego primitivo e do ideal do ego que a sufocavam cada vez que eram soltos delírios desse tipo).

Na saída, a mãe pergunta se ela tinha resolvido alguma coisa da saia.

Bia responde:

— Não, eu não vou querer. (Tenho a impressão de que esse é o problema da mãe – a saia da festa).

A mãe diz:

– Não, estou só perguntando, só para saber se encomendo ou não.

Bia, que está um pouco à frente, volta-se para trás: "Ih!" (como se tivesse esquecido de algo) e pergunta:

– Olha, quando vou vir duas sessões?

Sorrio e digo:

– É você que quer vir ou papai e mamãe só podem te trazer duas sessões?

A mãe protesta. Diz que nunca falaram nada para ela.

Digo então:

– Bia, aqui não é porque você tem três que você não está evoluindo; são sempre três sessões, mesmo melhorando.

Bia responde:

– Então ficamos mais um tempo com três. (Entre tom assertivo com a mãe e de quem também não está nem aí).

Está muito claro o temor de Bia diante da sexualidade genital manifestada através da dança com os meninos, o que aciona defesas de cunho mais primitivo, como é o caso de sua "alucinação-delírio" com o ninho das aranhas. Reativa-se o temor à mãe (aranha), representada pela sua própria agressividade projetada na mãe. Quanto mais fica exacerbada sua sexualidade, mais a inibição como resposta à opressão faz-se presente em Bia. Por mais que a sexualidade genital estivesse presente, não cabia interpretação, já que a inibição e a alucinação-delírio clamavam por serem atendidas em primeiro lugar. Por isso uma intervenção minha do *chuaá* sobre as aranhas tem eficácia, pois está lidando diretamente com ligações antitraumáticas – simbolizações primárias.

A feminilidade tortuosa de Bia

Bia entra com olhos brilhantes e vivos e desce para a sala. Traz sempre com ela o material de casa (há um mês e meio), que é o livro que está escrevendo. Ela espalha o material na mesa. Ainda de pé, olha para mim e diz, com entonação verdadeira:

— Ó, eu gosto tanto de você, Eliana! (gesto corporal).

Respondo:

— Eu também, Bia. (gesto corporal).

E ela prossegue:

— Minha mãe comprou uma calça jeans para mim igual à sua, assim sem cinto. Mas sabe aquele assunto da menstruação, não, não, não, vamos falar de outra coisa. Minha mãe foi ao supermercado comprar, eu não quis ir, Deus me livre, era ter que olhar aquilo tudo de absorvente, prateleiras e prateleiras só de absorventes – não, vamos falar de outro assunto, nada de menstruação...

(Lembrei-me de uma paciente psicótica que tive muitos anos atrás, de 14 anos, que havia feito uma abolição *forclusion* de sua menstruação. Escondia tudo o que dizia respeito a menstruação para que ninguém visse nada nem ela. Fico preocupada por Bia).

Sai para o outro lado da sala, onde não a vejo, atrás de uma estante, e volta e diz no meu ouvido:

— Sabe que quando a gente dá pum ou arroto a gente sai daquele lugar? (maneira confidencial, com olhos maliciosos).

Pergunto:

— Foi por isso que você saiu, você deu um pum?

E Bia responde:

– Não.

Logo ela diz:

– Tinha a Helena e a Isa cochichando uma com a outra no ouvido. Será que era sobre menstruação? – não, não, não devia ser. É o sangue que é horrível – mas só esse da 'xereca' que é ruim. Não vamos falar em menstruação.

Bia está de pé e fala:

– Olha na minha história está assim: a Bia Rodrigues estava com coisas que ela tinha roubado: grampeador, um cofre, e a mãe dela estava gritando dizendo que quando ela (mãe) descobrisse tudo, ela (Bia) ia ver! Era a maldição – Bia Rodrigues sai correndo com a maldição e jogava nas profundezas, no buraco negro. A caveira ia lá e ficava com a maldição e levava para as profundezas. Mãe sai correndo atrás do bebê.

Não é essa a história que escreve. (A história está confusa para mim, vejo que tudo o que ela não quer é carregado para as profundezas. O fato de a mãe sair atrás do bebê fez-me repensar se ela havia ou não falado em bebê, será que eu ouvi Bia falar em bebê antes?)

Com cara de cumplicidade novamente comigo, diz:

– A tia M. falou uma coisa engraçada (dá risadinha, cara muito expressiva): no dia do meu aniversário minha avó entrou e teve que fazer xixi no jardim do meu prédio. Ela estava muito apertada e a chave do banheiro social não estava lá e ela não conseguiu segurar até que o meu pai chegasse com a chave. Tia M. ficou na frente dela para ninguém ver.

Ela dá risada e eu também. (Sinto alívio, como se alguma mulher também pudesse transgredir como a avó e talvez oferecer um outro caminho a Bia).

Digo:

— Então você vê, Bia, uma pessoa da sua família também faz xixi nas plantinhas, não são só os meninos que fazem xixi nas plantinhas.

Escreve nos livros outra história, dizendo: a Bia Rodrigues roubou tudo, mas a caveira acabou ficando com tudo. Quando a mãe dela estava atrás dela, achou o cofre e foi abrir, e "ó, surpresa: sabe o que tinha lá dentro? Vocês nem podem imaginar. Eram... eram... eram só coelhinhos... e coelhinhos de pelúcia há há há."

(O bebê está escondido fechado no cofre).

Penso que o tema da menstruação que anuncia a feminilidade da adolescente é problemático para Bia. O modelo que ela tem em casa é moralista e rígido. Sua avó paterna lhe oferece uma alternativa ao soltar o xixi nas plantinhas. Na verdade, Bia está se apossando de tudo e de tudo que é da mãe (a própria criatividade da mãe que ela roubou e está escondendo dentro do cofre?).

Ela também aplica mágicas: provavelmente quem está no cofre é o bebê, só que isso ela esconde e só deixa os coelhinhos de pelúcia dentro do cofre.

O dado significativo é que os delírios estão virando histórias escritas, podendo assim ter início outro tipo de trabalho mental.

Dois anos depois...

Os pais de Bia vinham sofrendo uma série de dificuldades de ordem econômica e já vinham dando sinal de que, se os negócios da família não melhorassem, Bia teria de interromper o tratamento. E foi o que aconteceu. Combinamos que Bia ainda faria um mês de sessões.

Penúltima sessão de Bia

Bia quis olhar as coisas que tinha feito aqui durante esses anos. Teve grande prazer ao encontrar coisas que achava que estavam perdidas. Na hora de levar suas pinturas em telas para casa, eu quis pedir dois de seus quadrinhos para guardar para mim, não antes de perguntar a ela o que achava disto. Ela disse:

— Está bem!

Percebi que talvez não estivesse tão bem, por alguma expressão corporal sua, mas, como ainda teríamos mais uma sessão, resolvi arriscar, ficando então com os dois quadros.

Última sessão de Bia

Bia entra e me conta com uma cara meio envergonhada o que tinha acontecido:

— Quando eu saí daqui do seu consultório na quinta-feira, onde tínhamos conversado muito, fui até a Kalunga com minha mãe e meu irmão e lá eu não consegui relaxar e nem ver nada, porque comecei a ter um chilique por causa dos quadros que não tinham sido objeto de acordo entre eu e você e te xinguei de nomes feios: vagabunda, filha da puta e safada, porque deixei dois quadros que você me pediu, mas queria levar todos para casa.

E continua:

— E depois consegui contar tudo e você vai tentar me ajudar sobre os meus chiliques, pois muitas vezes parece que aceito as situações e concordo, mas lá no fundo não é verdade que eu concordei, mas a outra pessoa não fica sabendo, e quem sabe eu poderia fazer outro tipo de acordo para não ter chiliques.

Digo a ela:

– Acho que sim. Inclusive hoje é o dia de sua última sessão comigo. É um acordo, mas é importante que você vá vendo como você vai se sentindo e como vão chegando os chiliques, para, se precisar, poder vir me ver. Como você fez o acordo, que não era acordo, dos quadros, foi muito bom você ter percebido e ter podido entender.

Ela responde:

– Eu escondo das pessoas que eu quero brigar, que eu não estou de acordo, atrás de uma invenção minha que é a Bia Maioral. Quando eu quero fazer coisas diferentes daquilo que as pessoas querem, eu desapareço como Bia na imaginação e crio na imaginação também personagens que me atacam muito e a Bia de verdade só pode conseguir ter chilique.

Replico:

– Então, você já sabe bem quando a Bia Maioral aparece, o que é. E logo a Bia dos chiliques fica sem saída pedindo socorro.

E ela diz:

– Eu já estou me sentindo mais aliviada, bem melhor e mais adulta, porque eu sei que eu posso ter as coisas que eu acho que estão me faltando e posso vir a ser muito legal, boazinha, paciente e não precisar ficar imitando a Juliana Paes, a artista de TV da novela porque ela teve também que fazer muito esforço na vida para ser bonita do jeito que ela é. Então eu também estou aprendendo a esperar, e também para eu ficar legal eu tenho que aprender algumas coisas para chegar lá.

O caso clínico de Laura confirma a clínica corporal

Esta é a narrativa clínica do desenrolar do trabalho analítico desenvolvido com Laura durante seis anos (desde os seus três anos e meio até nove anos, quatro vezes por semana).

Minha proposta é com ele fazer uma reconstrução à luz do meu trabalho corporal aprendido com a análise de Bia.

Por meio da entrevista com os pais, cuja queixa se assentava na falta de contato de Laura na escola maternal, que já frequentava havia um ano, tive conhecimento de outros dados extremamente valiosos para começar a pensar nesse caso. A criança tinha passado por uma situação relatada de forma bastante dramática, mostrando o sofrimento dos pais. A mãe, ao dar a mamadeira a ela, quando tinha oito meses, teve uma convulsão violenta, ficando atirada ao solo, em meio a fortes ruídos: o estilhaçar do vidro, o barulho de sua própria queda, e o choro desesperador da criança, que, de pé em seu berço, a tudo assistia. No dia seguinte, tendo recebido um diagnóstico de *stress*, viajou para um lugar distante, por vinte dias, ficando a criança aos cuidados da avó materna.

Até então, o contato dessa mãe com essa criança tinha sido de um tipo fusional. O processo de amamentação caracterizara-se por um clima de muita ansiedade e intrusão, pelo fato de a mãe estar sempre querendo "dar mais e mais amor" à pequerrucha. Parecia que só poderia se separar da filha se fosse dessa maneira "cortada a machado", por interfeência de outro, sobretudo da autoridade de um médico.

Já se apresentam alguns fatores que indicam a probabilidade de ocorrer uma situação traumática: a queda da mãe assistida pela criança, os ruídos invasores do ambiente, o desaparecimento imediato da mãe por vinte dias.

Ao regressar, a mãe encontra mamas crescidas em Laura e o relato da avó de que tinha saído sangue da vagina da criança como se fosse menstruação. Após vários exames, o diagnóstico foi o de puberdade precoce, baseado nos resultados de idade óssea de um ano e oito meses, ovários e útero correspondentes aos de uma menina de três anos. Com a volta da mãe, o corpo de Laura começa a se normalizar.

Lembro aqui os conceitos de mimetismo e concepção autoplástica de Ferenczi, pelos quais, não havendo psiquismo ainda capaz de dar conta da situação traumática, o corpo é convocado a mimetizar o objeto (mamas) numa procura de resposta à invasão ambiental (falta das mamas da mãe).

Parece que o desenvolvimento de Laura seguia normalmente, até ser mandada à escola maternal, em março, com um ano e sete meses. Os pais acharam que era melhor enviá-la à escola antes do nascimento do irmãozinho, em abril, no sentido de Laura não se sentir rejeitada se fosse mandada à escola depois da chegada do irmão. Assim que é enviada à escola, bloqueia sua comunicação verbal e o contato com as pessoas.

Quando chegou a meu consultório, apenas falava baixinho no ouvido do pai e da mãe; não falava nada com mais ninguém e costumava pôr a mão inteira dentro da boca. Não havia dúvida de que teria sido novamente a situação de perda da mãe, acrescida de mais um elemento – a chegada do irmãozinho – que agiam em área psíquica já previamente machucada.

Apresento, a seguir, algumas vinhetas clínicas nas quais tento estabelecer um diálogo entre o que foi trabalhado na época e o que acrescentaria hoje, baseada nesse conhecimento da travessia do corporal para o simbólico corporal.

Fui apresentada a Laura, essa criança de três anos e meio, com a mãe e a babá. O material lúdico estava espalhado pela sala. Não obstante, para a menina, era como se não houvesse nada. Ficava sentada no colo da babá e olhava para o vazio, o infinito. Curiosamente, a babá se comportava de igual maneira. As duas pareciam uma escultura: a Pietá. Ao mesmo tempo, a mãe exclamava algumas palavras, de maneira compulsiva, tentando fazer com que Laura entrasse em contato comigo.

Encontrava-me diante de dois cenários distintos: um imóvel, o da menina com a babá; o outro alvoroçado, agitado, enclausurado em si mesmo, o da mãe. Eu não conseguia alcançar nem um nem outro. Por um lado, queria aproximar-me da estátua, porém, ao mesmo tempo, tinha o sentimento de que iria repetir a forma de falar compulsiva da mãe; por outro, queria conter a mãe, mas não sabia como. Os dois cenários tampouco se comunicavam. Durante alguns encontros era o mesmo tipo de contato: Laura entrava e saía um "nada" da sessão, enquanto a representação da mãe fracassava em seu objetivo de fazer Laura se comunicar comigo. Nesses encontros, eu sentia em meu corpo um total relaxamento, que me identificava com a "falta de forma" de Laura, e era para onde eu era levada à procura de um ritmo entre nós duas que se desenvolvesse. Mas a agitação verbal da mãe provocava em meu corpo um retesamento, uma contração, talvez uma contenção, com o sentido de impedi-la de falar.

O que se passava em mim, naquele momento, é que eu sabia que nada sabia. Por isso, esperei. Conduzida por esse fio de insegurança, caminhei por diversas sessões diagnósticas buscando uma luz. Faço, então, por meio dos indícios em meu corpo, a seguinte leitura, usando algumas noções trabalhadas neste estudo, como a de simbolização primária, trabalho do duplo em espelho, partilha estésica.

Era um fato incontestável o quanto a mãe de Laura não conseguia ver as necessidades de sua filha. Cabe aqui uma pequena digressão histórica dos dados emocionais da mãe, que iluminam esse tipo de comportamento de fusão entre mãe e filha. A mãe de Laura, filha única, havia perdido sua própria mãe alguns anos antes de se casar. De temperamento suave e alegre, tinha sofrido forte dependência do caráter de sua mãe, dominadora e rígida. Com o nascimento de Laura, o espaço psíquico vazio da perda se preencheu e passaram então, mãe e filha, a ter "uma psique para dois" (ROUSSILLON, 2007). Assim sendo, tornava-se totalmente invasiva à construção do *self* da menina, que, por sua vez, recolhera-se atrás de uma clivagem, dividida entre uma parte que tinha a vida que a mãe queria (o que será visto no decorrer da exposição) e de outra parte constituída de expressões sonoras, faciais, corporais como as de um bebê, mas também vazias. Não tinha sido possível a Laura entrar no *ballet* entre ela e a mãe, já que sua mãe era arrítmica, sendo impossível ser estabelecida uma sequência que pudesse ser apreendida e transposta para predição de ritmos futuros. Era muito evidente a falta de sintonia nessa sessão que descrevo, pois a mãe batia palmas e cantava alto, enquanto Laura, deitada, olhando para o vazio, talvez precisasse apenas de um leve agrado em sua pele, com um cantarolar baixinho.

Na época, constatei que Laura não era autista, mas apresentava uma regressão ou, em minha linguagem kleiniana, não havia conseguido elaborar a posição esquizoparanoide com as cisões profundas de um ego incipiente.

Meu trabalho clínico caracterizou-se pela liberdade, que sempre me permiti, de ir em frente sem ideias preconcebidas. E com Laura foi assim: um processo foi se desenrolando, construindo-se tanto na situação-analisante, como na retomada do trabalho de apropriação subjetiva de Laura.

Depois de ter trabalhado durante um ano numa análise vincular de Laura com as diferentes pessoas de sua casa (não entro em detalhes para não fugir ao objetivo específico do trabalho neste capítulo), achei que podia começar uma análise individual com ela. A maneira de Laura se comunicar comigo foi através do uso que fazia dos animais de sua caixa lúdica e de suas diferentes expressões sonoras: Dino (o Dinossauro) era o que falava com voz grave, os bebês choravam e os animais ferozes rugiam.

Numa das brincadeiras, Dino, depois de ter matado uma de minhas cabras, não consegue mais falar na sequência do jogo. Quando eu pergunto a Dino por que ele não estava mais falando, responde-me que era por ter tomado água, por isso não falava. Talvez, o mais habitual fosse eu ter dito que Dino não falava porque tinha acabado de matar minha cabra, e não queria contar nada dessas coisas; e Laura tinha vontade de fazer o mesmo com sua boca, quando tinha vontade de "matar" de raiva as pessoas. Por isso não falava. A interpretação estaria correta, mas eu precisava de certo tempo para me recompor do impacto de sua comunicação sobre mim. Felizmente foi assim! Havia o sentimento de que, se eu dissesse algo, eu estaria "quebrando", invadindo, o vínculo recém-instaurado. Mais tarde, tudo aquilo ficou claro: minha fala (boca) também poderia matar com palavras. As palavras estavam sob suspeita de muita agressividade.

Como durante o tratamento de Laura, muitas vezes, a situação de eu ficar "impedida" (corte sentido em mim que me paralisava por segundos) na sessão se repetiu, fui levada a pensar numa operação que Milner descreve a respeito do "meio maleável", e que Roussillon retoma em suas considerações. Retomarei um pouco mais adiante o tema.

Ocorre um fato importante durante o tratamento de Laura. Sua mãe fica grávida de gêmeos e essa notícia, ao ser dada aos filhos, provoca uma verdadeira catástrofe para Laura. Não é difícil imaginarmos o que ela sentira: se já tinha tido uma reação tão sofrida com a chegada de seu primeiro irmão, quanto mais agora, com mais dois irmãos para ocuparem sua mãe. Sua forma imediata de se expressar foi através de uma cena corporal: corre para o quarto, aos prantos, e fica deitada em posição fetal, chorando sem querer falar com ninguém. Os pais, que já conheciam a dificuldade de Laura, dessa vez dão acolhimento a sua dor e a menina vai se recompondo.

Combino com os pais que eu deixaria por conta de Laura a maneira de me relatar a chegada do bebê. Fico bastante tomada com as angústias prováveis que Laura estaria sofrendo, pois seu sintoma de deixar de falar e se isolar tinha sido desencadeado com o nascimento de seu irmão e com o sentimento provável de rejeição (abandono) ao ser mandada à escola naquele momento. Agora que o fato traumático iria se repetir, qual seria sua capacidade de atravessá-lo e a minha de poder dar-lhe uma boa sustentação?

A primeira sessão de Laura que se seguiu a esse fato foi totalmente silenciosa. Laura entra, vai à lousa de forma determinada e escreve o nome de sua mãe com letra muito redonda. Pela assertividade com que se dirigiu à lousa, imaginei que fosse escrever algo sobre o bebê. Vã expectativa minha! Na verdade era mais um *wishful thinking* meu.

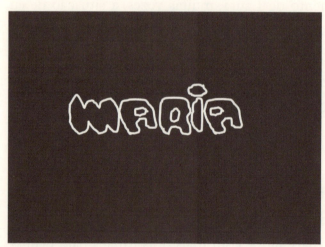

Figura 1 – Maria

Eu digo:

— É o nome da mamãe, só que ela está gorda.

Laura passeia pela sala, pega um pote contendo um pouco de tinta ressecada. Vai para a janela, faz umas bolinhas e joga-as para baixo. Na realidade, são duas bolinhas que modela com os dedos, e as joga com raiva.

O conteúdo impunha-se para ser compreendido: eram os irmãozinhos que Laura estava atirando para fora da barriga da mãe e também para longe dela. Contive-me para não dar essa interpretação, porque, então, o trabalho de comunicar verbalmente – que deveria ser de Laura – estaria sendo feito por mim. Priorizei meu silêncio para forçar sua eventual fala comigo.

Disse somente que a via atirando umas coisinhas pequenas com muita raiva. Ela repetiu a mesma cena e eu também repeti o que lhe havia dito. Vi-me pouco criativa. O fato de eu saber da gravidez de sua mãe fazia com que me policiasse para não falar fora do *timing* de Laura.

Ao mesmo tempo, procurava, no material, uma brecha para juntar o que eu já sabia com o que ela me relatava de maneira espontânea. Não era uma situação confortável, pois minha atenção flutuante mostrava-se perturbada com o que eu já sabia (gravidez), passeando pela minha mente.

Sabemos que pacientes com essa configuração mental cindida de Laura – cuja indistinção *self*-objeto com confusão nas fronteiras do ego, onde o *self* verdadeiro encontra-se protegido numa zona secreta de não contato – necessitarão da participação efetiva do funcionamento mental do analista durante as sessões, pois qualquer tipo de formação de sentido já foi afastado de seu circuito mental. Portanto, a visão da realidade psíquica fornecida pela situação analítica será de acordo com o tanto que o paciente fizer viver, e imaginar seu analista. Isto me leva a dizer que a mudança do paciente depende, nesses casos, exclusivamente da sensibilidade e da percepção do analista e de sua capacidade de viabilizá-la ao paciente.

Laura vai à lousa e desenha:

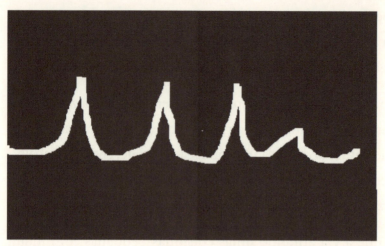

Figura 2 – Mar agitado

Digo:

– É um mar... muito... bravo.

Laura coloca uma pessoa, depois introduz uma segunda pessoa pequena e uma terceira pequena também.

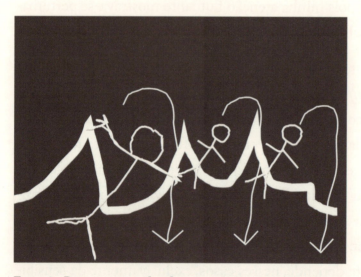

Figura 3 – Pessoas são introduzidas no mar bravo: pessoa grande, uma pessoa pequena, outra pessoa pequena

Digo:

– O mar está muito bravo – uma pessoa grande está nadando e duas pequenas também. Mas... está... muito perigoso, com essas ondas tão altas... é perigoso, elas podem... não sei... talvez... se afogar.

Laura imediatamente desenha o que segue abaixo:

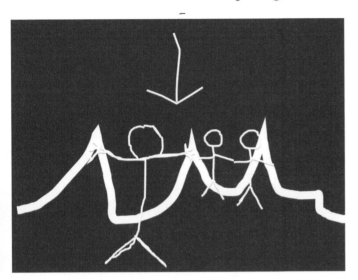

Figura 4 – Seta indicando que as três estão se afogando

Laura afoga as três e sai da sessão, extremamente feliz, esfregando as mãozinhas...

A menina conseguia me mostrar pelo desenho o quanto não queria a nova realidade de ter mais dois irmãos. Além disso, interagia comigo percebendo que colocar em palavras sua comunicação era uma forma de eu tomar conhecimento do que ela estava sentindo a partir do que ela mesma tinha me mostrado.

Será que as primeiras comunicações não verbais de Laura, aquelas de seus desenhos, já teriam sido suficientes? Eu realmente esperava mais na lógica do simbólico, principalmente depois de nosso primeiro contato, que tinha se caracterizado por sensibilidade e confiança.

Lembrei-me de um relato que Freud fez sobre a infância de Goethe. Em sua autobiografia *Poesia e Verdade* (1917), o escritor alemão diz que, aos três anos, Goethe quebrou uma baixela inteira de louças de sua casa, arremessando-as à rua. Essa lembrança infantil de Goethe interessou a Freud, que tratava naquele momento de um paciente em quem surgira uma lembrança da infância semelhante a essa de Goethe, porém numa conexão mais clara: em lugar de jogar toda a louça pela janela, atacara seu irmão bebê no berço. Lançar louças para fora, pela janela, pode ser compreendido, diz Freud: "como uma ação mágica pela qual a criança (Goethe, bem como meu paciente) deu expressão violenta ao seu desejo de livrar-se de um intruso que o perturbava" (FREUD, 1917-1919, p. 190). Uma criança que quebra louças sabe perfeitamente que está desagradando aos pais e, se o faz, é por ser uma forma de mostrar raiva contra eles. Segue Freud: "o para-fora, pela janela é parte essencial da ação mágica" (FREUD, 1917-1919, p. 191): o novo bebê deve ser jogado fora pela janela, pois deve ter chegado pela janela segundo a lenda da cegonha que traz bebês. Sabe-se que, quando Goethe praticou o ataque às louças, estava com três anos e meio, data do nascimento de seu irmão. O que era retido na memória como lembrança infantil era a travessura infantil que funcionava como lembrança encobridora do rechaço ao irmão recém-nascido.

As bolinhas de argila ressecadas que Laura usara também tinham sido usadas para atirar irmãozinhos fora pela janela; e assim meu pensamento passeava livremente.

As sessões que relato a seguir apresentam um dado novo: Laura volta a falar sussurrando, ou através de Dino (o dinossauro), com o vozeirão. Sentada, diante de sua caixa, tendo Dino em suas mãos, de costas para mim, fala sussurrante:

— Esta terra é minha, eu era dono de tudo, do cadeado, de todas as coisas, esta terra é minha. (Dino)

Dino está sapateando e dançando em cima da caixa lúdica, enquanto repete o refrão acima. Mais do que nunca, Laura expressa, por meio de Dino, seu desejo de posse: a terra-mãe era dela e ninguém iria tirá-la...

O material lúdico traduzia claramente seus sentimentos. Apenas, no caso de Laura, não adiantaria trazer a palavra para traduzir o conteúdo por outras palavras. O que se colocava como prioritário naquele momento era a forma tomada pela ação da paciente dentro da sessão.

Na verdade, Laura procurava ocultar de mim cada nova conquista emocional, portanto era necessário muito tato para não desmantelar essa maneira de Laura ocultar-revelar.

A forma dentro da sessão apresentava-se como uma cena: Laura estava de costas para mim, fechada num semicírculo feito pelo próprio corpo sobre si mesmo, onde se desenrolava aquela dramatização de Dino, o que sugeria uma figura arredondada. Registrei, apenas para mim, essa maneira de a menina fechar-se sobre si mesma, com a mãe, com o mundo, e, embora não quisesse que eu a visse nem ouvisse, nesse momento punha às claras seus desejos, seus temores. Laura fingia que não progredia; eu, por outro lado, também fingia que nada sabia de seus progressos. Faltavam condições emocionais na pequena para verbalizar seu conflito, e eu não queria facilitar sua verbalização. Pode parecer que insisto demasiadamente na verbalização; entretanto, como a linguagem representa o processo mais evoluído da lógica simbólica de processo secundário, algumas vezes, para mim, ficavam esquecidos outros processos da lógica de processo primário, que apenas em aparência são mais primitivos; não deixam de ser, porém, também governados por outra lógica, uma variedade simbólica que não se encontra sob a égide da razão. Na realidade, eu sentia que ainda havia algum outro elemento não identificado, presente na sessão, e aquilo que eu rapidamente percebera continuava verdadeiro (não me deixar saber do nascimento do nenê), mas não correspondia ao material mais profundo. Eu sentia uma tensão muito forte que me atraía na direção de Laura; fiz um esforço com o corpo e me aproximei daquela brincadeira enclausurada da menina, mas, no mesmo instante em que me movimentei, senti que não poderia me mover nem mais um milímetro: se o fizesse, quebraria alguma coisa. Só se fosse o ar, pois concretamente não havia nada para quebrar. Quero dizer, com isso, que era uma sensação de quebrar, de desmontar que eu sentia em meu corpo. Parei onde eu estava. Eu poderia ficar apenas suficientemente próxima, nem interessada, nem desinteressada. Nisso veio à minha mente a imagem da mãe intrusiva de Laura e o quadro se organizou para mim: Laura me desejava tanto quanto desejava a mãe, mas tão logo eu me aproximava dela, era rechaçada, pois me tomava imediatamente pela mãe intrusiva. Entretanto, o processo analítico trazia essa comunicação da pequena, através de sensações corporais, afetos, atos, formas de estruturação minimamente "ligadas" que pudessem receber sentido. Era a única possibilidade de a paciente me passar o tipo de trabalho de elaboração que eu teria de fazer. Um pequeno elo da simbolização tinha sido feito no momento em que pude me redimensionar corporalmente e forneci um entendimento para minha própria sensação. Não importa se está correta ou não minha compreensão; o que importa é ter conseguido ligar o informal e poder retê-lo em uma forma (a partir do sentimento que experimentei e a sua transformação numa imagem). Acredito ter efetuado uma "simbolização primária" em minha compreensão atual, o que na época foi um ato absolutamente intuitivo.

Roussillon, ao se referir ao conceito de "meio maleável" de Milner, diz:

Milner indica que a criança pode experimentar assim, na transferência uma função maleável do ambiente que provocara um fracasso completo nos primeiros contatos da criança com o mundo, fracasso reativado pelo seu ingresso na escola primária [...]. A noção de meio maleável pode incluir a matéria do som e do sopro que vem a ser nossa fala. Assim a própria linguagem falada mobilizaria um meio maleável: o ar (MILNER, *apud* ROUSSILLON, 2006, p. 161).

Em situações extremas, de grande tensão silenciosa na sessão, encontrei-me com dificuldade de "respirar". Isso vale tanto para Laura quanto para Bia.

Aproveitando-me dessa colocação de Roussillon (2006), pensei o quanto eu não estaria invadindo com a minha própria respiração um "meio maleável" que estava tomando forma e que eu não poderia movimentar nem mesmo com minha respiração, quanto mais com minha fala!

Vejo esse tipo de trabalho da corporeidade do analista como resposta ao trabalho do paciente que só se comunica através de atos, gestos, posturas, um trabalho inovador no qual vai ser exigido do analista um movimento de regressão a serviço de seu ego corporal para conseguir uma captação do que está sendo transmitido pelo paciente.

O analista, em sua coreografia com o paciente, não sente emoções claras, como acontece com algum paciente não regredido ao experimentar medo, alegria, raiva, ciúmes e outros sentimentos claros. As reações são corporais, como diversas vezes apontei no trabalho: respiração estancada, corpo retesado, sono envolvente.

Creio que essa comunicação silenciosa feita na base da "anatomia e fisiologia de corpos vivos!" é o começo de um caminho com muitas trilhas a serem desbravadas.

CONCLUSÕES

Chegando ao ponto de tecer as considerações finais, talvez o meu desejo fosse apenas de lembrar um personagem de García Márquez (1994), que, liricamente, com o indicador, desenhava no ar uma série de círculos contínuos e dizia que as ideias não são de ninguém, andam voando por aí como os anjos.

Se eu tiver capturado alguns anjos durante a travessia desta escrita, dou-me por satisfeita. Sei que logo adiante estes irão se soltar para outros anjos se desenharem.

Sem dúvida, a dificuldade que toma conta de mim é de fechar, concluir, quando me parece que é fazer os anjos voarem.

Tanto na escrita como no espaço analítico, as autorias se misturam, mudam de sujeito, de lugar. O que faz pensar que o importante no trabalho analítico é que a trama dos afetos seja desenredada e que no desembaraço dos fios uma tessitura sígnica, seguida por uma outra simbólica, nova, possa ser feita, permitindo maior desenvoltura de movimentos psíquicos, mais liberdade criativa e novas possibilidades para o aparecimento do inédito em cada um dos sujeitos envolvidos.

No meu ofício de analista, caminho com cada paciente por novos círculos contínuos que se fecham, que se abrem ou que ficam no limbo como anjos caídos.

São experiências vivas que tive com essas meninas, Bia e Laura, usadas como enlaces para que os pensamentos pudessem ser sonhados. Trago suas vidas, levo a minha, a minha de adulta, a minha de criança, a delas falando na massa grosseira do corpo, a minha nos sussurros abafados de minhas entranhas.

É a "simbolização primária". Marca do primeiro respingo de identidade. Tal como o balanço do mar: vai de cá para lá, de lá para cá, e o respingo vira pingo. É o pingo do ser. O começo é na aurora da vida, a fala é dos corpos, um entendimento quente, doce, para os dois coadjuvantes. Pode ser na época do berço, mas, também, pode ser na época do divã. São os inícios.

Com Bia foi assim, com Laura também. Eu tirando de dentro de mim o fio que, lançado a elas, tecesse a malha de fundo, a primeira rede de sustentação.

Eram "Alices" mergulhadas em espelhos sem fundo. Eu, um novo espelho, mas nem sempre...

E no mundo, quantas "Alices"? Para refleti-las, poucas.

Estamos no "país dos signos"; o que era opaco ficou brilhante. Antes muitas coisas eram "não vistas"; elas eram igualadas em suas opacidades, eram ninharias!

De repente, Sócrates falou: "[...] a maneira mais fácil e eficaz, não de fazer [o homem] obter a visão, pois já a tem; mas uma vez ele não está na posição correta e não olha para onde deve, dar-lhe os meios para isso" (*A República*, 518d).

Quantas e quantas vezes meu estômago já tinha resmungado em sessão e eu não tinha "visto". Quantas vezes eu já sabia, como continuo sabendo, o nome dado a cada paciente: o saco de batatas sorridente, a libélula esvoaçante, os pezinhos de algodão, e por aí vai... Longe de ser uma ironia, é um nome que só eu sei e assim os identifico.

É uma profunda comunicação das (representações de) coisas, (representações) dos afetos, das (representações) ações, um banho de sensorialidade insuspeito. As ninharias, antes todas iguais, começam a se diferenciar, cada uma com seu brilho, com sua cor.

Seguimos o dito de Sócrates; temos agora a visão na posição correta: podemos olhar para o corpo em ação, para as corporeidades se comunicando.

Como os círculos são contínuos e o dedo indicador continua apontando para os anjos, seguimos seu caminho nesse movimento de abrir, fechar, agarrar, soltar, criar, destruir...

BIBLIOGRAFIA

ABRAM, J. *A linguagem de Winnicott*. Dicionário das palavras e expressões utilizadas por Donald W. Winnicott. Rio de Janeiro: Revinter, 2000.

ANZIEU, D. Le moi-peau. *Nouvelle Revue de Psychanalyse*, Paris: Editions Gallimard, n. 9, p. 195-208, 1974.

_____. Le transfert paradoxal. *Nouvelle Revue de Psychanalyse*, Paris: Editions Gallimard, n. 12, p. 49-72, 1975.

_____. L'enveloppe sonore du soi. *Nouvelle Revue de Psychanalyse*, Paris, Editions Gallimard, n. 13, p. 161-179, 1976.

_____. (1985) *Le Moi-peau*. Paris: Dunod.

_____. (1987) Les signifiants formels et le Moi-peau. In: _____. (Ed.). *Les enveloppes psychiques*, Paris: Dunod. p. 1-22.

_____. *O Eu-pele*. São Paulo: Casa do Psicólogo, 1988.

AULAGNIER, P. *A violência da interpretação*. Do pictograma ao enunciado. Rio de Janeiro: Imago, 1979.

AUSTIN, J. *Cómo hacer cosas con palabras*. Barcelona: Paidos Studio, 1982.

AVELLO, J.J. *Para leer a Ferenczi*. Madrid: Biblioteca Nueva, 1998.

BALINT, M. *Changing therapeutic aims and techniques in Psycho-analysis*. Primary love and Psycho-analytic technique. London: Karnac, 1949.

BARANGER, W. *Posição e objeto na obra de Melanie Klein*. Porto Alegre: Artes Médicas, 1981.

BARROS, E. M. R. (2002) Afeto e Imagem Pictográfica: A constituição de significado na vida mental. *Livro Anual de Psicanálise* XVI. P. 111-121

BION, W.R. (1962) *Aux sources de l'expérience*. Paris: Puf, 1979.

_____. (1963) *Eléments de psychanalyse*. Paris: Puf, 1979.

_____. (1965) *Transformations* - Passage de l'apprentissage à la croissance. Paris: Puf, 1982.

BLEICHMAR, S. *Clínica psicanalítica e neogênese*. São Paulo: Annablume, 2005.

BOLLAS, Cristopher. *A sombra do objeto; psicanálise do conhecido não-pensado*. Tradução de Rosa Maria Bergallo. Rio de Janeiro: Imago, 1992.

BOTELLA, C.; BOTELLA, S. *La figurabilidad psíquica*. Buenos Aires: Amorrortu, 2001.

_____. L'analyse d'enfant et la métapsychologie. *Journal de la Psychanalyse de l'Enfant*, Paris: Bayard Editions v. 8, p. 17-32, 1990. (Apresentado em Journée Occitanes de Psychanalyse, v. 8, Toulouse, Juin, 1988).

BOWLBY, J. *Apego*. 2. ed. São Paulo: Martins Fontes, 1990.

BULLINGER, A. *Le développement sensori-moteur de l'enfant et ses avatars*. Paris: Érès, 2004.

CHERTOK, L.; SAUSSURE, R. de. (1973) *Naissance du Psychanalyste*. Paris: Payot.

COELHO JUNIOR, N.E. Inconsciente e percepção na psicanálise freudiana. *Psicologia USP*, São Paulo, v. 10, n. 1, 1999a.

_____. Usos da percepção na psicanálise contemporânea. *Percurso*, Revista de Psicanálise, São Paulo, v. 12, n. 23, p. 97-106, 1999b.

_____. Da intercorporeidade à cocorporeidade: elementos para clínica psicanalítica. *Revista Brasileira de Psicanálise*, São Paulo, v. 44, n. 1, p. 51-60, 2010.

CUNHA, I. *A revolução dos bebês:* aspectos de como as emoções esculpem o cérebro e geram os comportamentos no período pré e perinatal. Rio de Janeiro: Psicanalítica, 2001.

CYRULNIK, B. *Les nourritures affectives*. Paris: Odile Jacob, 1993.

DAYAN, M. La Sra. K. interpreta. *Trabajo del psicoanálisis*, Buenos Aires: Lugar Editorial, v. 1, n. 3, p. 267-303, 1982.

DAVID, M. Activité spontanée et fonctionnement mental preverbal du nourrisson. In: BRAZELTON, B. *et al. Que sont les bébés devenus*. Ramonville Saint-Agne: Érès, 1997.

DECETY, J. L'empathie est-elle une simulation mentale de la subjectivité d'autrui? In: BERTHOZ, A.; JORLAND, G. (Orgs.). *L'empathie*. Paris: Odile Jacob, 2004. p. 53-88.

DONNET, J.L. *Le divan bien tempéré*. Paris: PUF, 1995.

DORNES, M. *Psychanalyse et psychologie du premier age*. Tradução de C. Vincent. Paris: Puf, 2002.

ENTREVISTA de Cesar Botella. *Revista Brasileira de Psicanálise*, São Paulo, v. 41, n. 1, p. 19-29, 2007. (Entrevista concedida em 10 set. 2006, São Paulo. Entrevistadores: Ana B.Hoffman; Alan Victor Meyer; Gilka Zlochevsky *et al*. Disponível em: <http://pepsic.bvsalud.org/pdf/rbp/v41n1/v41n1a03.pdf>).

FÉDIDA, P. *Nome, figura e memória*. A linguagem na situação psicanalítica. São Paulo: Escuta, 1992.

FELDMAN, M.; SPILLIUS, E.B. *Equilíbrio psíquico e mudança psíquica*. Artigos selecionados de Betty Joseph. Rio de Janeiro: Imago, 1992.

FERENCZI, S. *Transferência e introjeção*. Escritos psicanalíticos 1909-1933. Rio de Janeiro: Taurus, 1909.

_____. *Diário clínico*. São Paulo: Martins Fontes, 1990.

_____. (1992) Confusão de línguas entre os adultos e a criança: a linguagem da ternura e da paixão. In: *Psicanálise IV*. Tradução de A. Cabral. São Paulo: Martins Fontes. v. 4, p. 97-108. (Trabalho originalmente publicado em 1933).

FIGUEIREDO, L.C.; COELHO JUNIOR, N.E. *Ética e técnica em psicanálise*. São Paulo: Escuta, 2008.

FIGUEIREDO, L.C. A complexa noção de "voz". *Revista Brasileira de Psicanálise*, São Paulo, v. 32, n. 3, p. 605-609, 1998.

_____. *Psicanálise:* elementos para a clínica contemporânea. São Paulo: Escuta, 2008.

_____. *As diversas faces do cuidar*. Novos ensaios de psicanálise contemporânea. São Paulo: Escuta, 2009.

FONTES, I. *Memória corporal e transferência*. São Paulo: Via Lettera, 2002.

FOUCAULT. "Q'est-ce q'un auteur?" *Dits et Écrits I*. Paris: Gallimard, 1969.

FREUD, S. (1893) *Charcot*. Edição Standard Brasileira de Obras Psicológicas Completas de Sigmund Freud. Rio de Janeiro: Imago, 1976. v. 3, p. 21-34.

_____. (1895) *Estudos sobre a histeria*. Edição Standard Brasileira de Obras Psicológicas Completas de Sigmund Freud. Rio de Janeiro: Imago, 1974. v. II, p. 13-39.

_____. (1900) *A interpretação dos sonhos*. Edição Standard Brasileira de Obras Psicológicas Completas de Sigmund Freud. Rio de Janeiro: Imago, 1972. v. IV, V.

_____. (1905 [1901]) *Fragmento da análise de um caso de histeria*. Edição standard brasileira das obras psicológicas completas de Sigmund Freud. Rio de Janeiro: Imago, 1972. v. VII, p. 05-119.

_____. (1907) *Atos obsessivos e práticas religiosas*. Edição Standard Brasileira de Obras Psicológicas Completas de Sigmund Freud. Rio de Janeiro: Imago, 1976. v. IX, p. 119-131.

_____.*Algumas observações gerais sobre os ataques histéricos*. Edição Standard Brasileira das Obras Psicológicas Completas de Sigmund Freud. Rio de Janeiro: Imago, 1909.

_____. (1911-1913) *O caso de Schreber, artigos sobre técnicas e outros trabalhos*. Edição Standard Brasileira de Obras Psicológicas Completas de Sigmund Freud. Rio de Janeiro: Imago, 1976. v. XII.

_____. (1913) *O interesse da psicanálise para as ciências não-psicológicas*. Edição Standard Brasileira de Obras Psicológicas Completas de Sigmund Freud. Rio de Janeiro: Imago, 1976. v. XII, p. 211-226.

_____.*A história do movimento psicanalítico*. Edição Standard Brasileira de Obras Psicológicas Completas de Sigmund Freud. Rio de Janeiro: Imago, 1914-1916. v. XIV, p. 191-224.

_____. (1916[1917]) *A ansiedade*. Conferências introdutórias - Conferência XXV, parte III. Edição Standard Brasileira de Obras Psicológicas Completas de Sigmund Freud. Rio de Janeiro: Imago, 1976. v. XVI, p. 457-479.

_____. (1917) *Uma recordação de infância em poesia e verdade*. Edição Standard Brasileira de Obras Psicológicas Completas de Sigmund Freud. Rio de Janeiro: Imago, 1976. v. XVII, p. 183-195.

_____. (1918) *História de uma neurose infantil*. Edição Standard Brasileira de Obras Psicológicas Completas de Sigmund Freud. Rio de Janeiro: Imago, 1976. v. XVII, p. 13-151.

_____. (1919 [1918]) *Linhas de progresso na terapia analítica*. Edição standard brasileira das obras psicológicas completas de Sigmund Freud. Rio de Janeiro: Imago, 1988. v. 17.

_____. (1920) *Além do princípio do prazer*. Edição Standard Brasileira de Obras Psicológicas Completas de Sigmund Freud. Rio de Janeiro: Imago, 1976. v. XVIII, p. 17-85.

_____. (1923) *O ego e o id*. Edição Standard Brasileira de Obras Psicológicas Completas de Sigmund Freud. Rio de Janeiro: Imago, 1976. v. XIX, p. 13-83.

_____. (1925) *A negação*. Edição Standard Brasileira de Obras Psicológicas Completas de Sigmund Freud. Rio de Janeiro: Imago, 1976. v. XIX, p. 293-300.

_____. (1933[1932]) *A dissecção da personalidade psíquica*. Novas conferências introdutórias. Edição Standard Brasileira de Obras Psicológicas Completas de Sigmund Freud. Rio de Janeiro: Imago, 1976. v. XXII, p. 75-102.

_____. (1937) *Construções em análise*. Edição Standard Brasileira de Obras Psicológicas Completas de Sigmund Freud. Rio de Janeiro: Imago, 1976. v. XXIII, p. 291-304.

_____. (1950[1895]) *Projeto para uma psicologia científica*. Edição Standard Brasileira de Obras Psicológicas Completas de Sigmund Freud. Rio de Janeiro: Imago, 1977. v. XXIII, p. 381-394.

GREEN, A. L'enfant modèle. *Nouvelle Revue de Psychanalyse*, Paris: Editions Gallimard, n. 19, p. 35, p. 27-47, 1979.

_____. *Le langage dans la psychanalyse*. Paris: Les Belles-lettres, 1984.

_____. *De locuras privadas*. Buenos Aires: Amorrortu, 1994.

_____. *La diacronía en psicoanálisis*. Buenos Aires, Amorrortu, 2002.

_____. Repetición, diferencia, replicación. In: _____. *La diacronía en psicoanálisis*. Buenos Aires: Amorrortu, 2000. p. 97-162. (Trabalho original publicado em 1970).

GREEN, A.; DONNET, J.L. *L'enfant de ça*. Psychanalyse d'un entretien: la psychose blanche. Paris: Minuit, 1973.

INTERVIEW de Jean-Luc Donnet. *Revue Belge de Psychanalyse*, v. 46, p. 65-88, 2005. (Entrevistador: N. Minazio).

JOSEPH, B. *Equilíbrio psíquico e mudança psíquica:* artigos selecionados de Betty Joseph. Rio de Janeiro: Imago, 1992.

KLEIN, M. (1952) As origens da transferência. In: *Inveja e gratidão e outros trabalhos*. Rio de Janeiro: Imago, 1991. v. III. p. 71-79. (Obras completas de Melanie Klein).

_____. A técnica psicanalítica através do brincar: sua história e significado. In: *Inveja e gratidão e outros trabalhos (1946-1963)*. Rio de Janeiro: Imago, 1955. v. III, p. 149-168. (Obras Completas de Melanie Klein).

_____. *A psicanálise de crianças*. Rio de Janeiro: Imago, 1997. v. II. (Obras completas de Melanie Klein).

LACAN, J. (1949) O estádio do espelho como formador da função do eu. In: *Escritos*. Rio de Janeiro: Jorge Zahar, 1998.

LAPLANCHE, J. ¿Hay que quemar Melanie Klein? *Trabajo del psicoanálisis*, Buenos Aires: Lugar Editorial, v. 1, n. 3, p. 251-264, 1981.

_____. (1984) La pulsion et son objet-source; son destin dans le transfert. In: ANZIEU, D.; DOREY, R.; LAPLANCHE, J.; WIDLÖCHER, D. *La pulsion, pour quoi faire?* Paris: APF.

_____. (1986) De la théorie de la séduction restreinte à la théorie de la séduction généralisée. *Etudes Freudiennes*, v. 27, n. 7-25.

_____. (1987) *Nouveaux fondements pour la psychanalyse*. Paris: PUF.

_____. (1999). Notes sur l'après-coup. In: *Entre séduction et inspiration: l'homme*. Paris: PUF, p. 57-66.

_____. (2002). Entretien avec Jean Laplanche (réalisé par Alain Braconnier). *Le Carnet-PSY*, v. 70, p. 26-33.

LOBO, R. Sobre a teoria do pensar em Winnicott. In: ENCONTRO LATINO-AMERICANO DE WINNICOTT, 17, 2008, São Paulo. (Trabalho apresentado).

MACDOUGALL, J. Corpo e linguagem do soma às palavras da mente. *Revista Brasileira de Psicanálise*, São Paulo, v. XXVIII, n. 1, p. 75-98, 1994.

MÁRQUEZ, G.G. *Do amor e outros demônios*. Rio de Janeiro: Record, 1994.

MERLEAU-PONTY, M. *A prosa do mundo*. São Paulo: Cosac & Naif, 2006.

_____. *Psicologia e pedagogia da criança*: curso da Sorbonne 1949-1952. São Paulo: Martins Fontes, 2006.

OGDEN, Thomas H. *Subjects of analysis*. New Jersey: Jason Aronson, 1994.

PEREDA, M.C. Estructuración psíquica. *Revista Uruguaya de Psicoanalisis*, Montevideo, n. 76, p. 83-84, 1992.

PIAGET, J. (1945) *A formação do símbolo:* imitação, jogo e sonho, imagem e representação. 3. ed. Rio de Janeiro: LTC, 1990.

PLATÃO. *A República*. 7. ed. Lisboa: Fundação Calouste Gulbenkian, 1993. 518-d.

PLUTARCO. *Sobre a tagarelice e outros textos*. São Paulo: Landy, 2008.

RACAMIER, P.C. En psychanalyste et sans séances. *Revue Française de Psychanalyse*, Paris: Presses Universitaires de France, v. 54, n. 5, p. 1165-1183, 1990.

RACHE, E. Ferenczi – el acercamiento al psiquismo infantil. In: CONGRESO INTERNACIONAL FERENCZI Y EL PSICOANALISIS CONTEMPORÂNEO, 1998, Madrid. (Trabalho apresentado).

_____. Elaborando o proibido na clínica psicanalítica: a ação. In: ENCONTRO LATINOAMERICANO DE PSICANÁLISE DE CRIANÇAS E ADOLESCENTES, 1., 2007, São Paulo: Sociedade Brasileira de Psicanálise de São Paulo. (Trabalho apresentado).

_____. Memórias de vivências ou vivências de memórias. In: CONGRESSO BRASILEIRO DE PSICANÁLISE, 21., 2007, Porto Alegre. (Trabalho apresentado).

_____. O feminino: um corpo a corpo tão delicado. *Jornal Brasileiro de Psicanálise*, São Paulo, n. 76, p. 65-76, 2009a.

_____. O início de trabalho do paradoxo na clínica psicanalítica. *Revista Brasileira de Psicanálise*, São Paulo, v. 42, n. 1, p. 74-81, 2008.

RIZZOLATTI, G.; FADIGA, L.; GALESSE, V.; FOGASSI, L. Premotor cortex and the recognition of motor actions. *Cognitive Brain Research*, Amsterdam: Publisher Elsevier Science, v. 3, n. 2, p. 131-141, 1996.

ROSENFELD, H. *Os estados psicóticos*. Rio de Janeiro: Zahar, 1968.

ROSOLATO, G. (1985) Le signifiant de démarcation et la communication non verbale. In: *Eléments de l'interprétation*. Paris: Gallimard. p. 63-82.

ROUSSILLON, R. *Paradoxes et situations limites de la psychanalyse*. Paris: Presses Universitaires de France, 1991.

_____. *Situations et configurations transferentielles "limites"*. 1997. (Transcrição de fita).

_____. *Agonie, clivage et symbolisation*. Paris: Puf, 1999.

_____. Atualidade de Winnicott. *Revista Trieb*, Rio de Janeiro, n. 9, p. 55-71, 2000.

_____. *Le plaisir et la répétition*. Théorie du processus psychique. Paris: Dunod, 2001.

_____. Agonia e desespero na transferência paradoxal. *Revista de Psicanálise*, Porto Alegre, v. 11, n. 1, p. 13-33, 2004.

_____. *Intersubjectivité et fonction messagère de la pulsion*. 2004. (Transcrição de fita).

_____. *Paradoxos e situações limites da psicanálise*. São Leopoldo: Unisinos, 2006.

_____. *Manuel de psychologie et de psychopathologie clinique générale*. Paris: Elsevier-Masson, 2007.

_____. A função limite da psique e a representância. *Revista de Psicanálise*, Porto Alegre, v. 14, n. 2, p. 257-273, 2007.

_____. *Le transitionnel le sexuel et la réflexivité*. Paris: Dunod, 2008a.

_____. *Le jeu et L'entre-je(u)*. Paris: Presses Universitaires de France, 2008b.

_____. *Manuel de pratique clinique*. Paris: Elsevier-Masson, 2012.

ROUSSILLON, R.; GOLSE, B. *La naissance de l'objet*. Paris: Puf, 2010.

ROUSSILLON, R.; MATOT, J.P. *La psychanalyse:* une remise en jeu. Paris: Puf, 2010.

SAMI-ALI, M. *L'espace imaginaire*. Paris: Gallimard, 1974.

SAFRA, G. *A face estética do self: teoria e clínica*. São Paulo: Unimarco, 1999.

SECHEHAYE, M.A. The transference in symbolic realization. *International Journal of Psychoanalysis*, v. 37, p. 270-277, 1956.

SOCHA, A. *A voz e seus en-cantamentos:* o fenômeno sonoro na constituição do self e no desenvolvimento humano. 2010. Dissertação (Mestrado em Psicologia Clínica) – Pontifícia Universidade Católica de São Paulo, São Paulo, 2010.

SPILLIUS, E.B. *Melanie Klein hoje:* desenvolvimentos da teoria e da técnica. Rio de Janeiro: Imago, 1991. v. 2.

_____. *Uma visão da evolução clínica kleiniana:* da antropologia à psicanálise. Rio de Janeiro: Imago, 2007.

SPITZ, R.A. *De la naissance à la parole*. Paris: Puf, 1979.

TANIS, B. *Memória e temporalidade*. São Paulo: Casa do Psicólogo, 1995.

VARELA, F. *L'inscription corporelle de l'esprit*. Paris: Seuil, 1993.

VINCENT, J.D. *Biologie des passions*. Paris: Odile Jacob, 1986.

WALLON, H. *A evolução psicológica da criança*. Lisboa: Edições 70, 1995.

WINNICOTT, D.W. *Brincar e realidade*. Rio de Janeiro: Imago, 1975.

_____. *Os bebês e suas mães*. São Paulo: Martins Fontes, 1988.

_____. *Natureza humana*. Rio de Janeiro: Imago, 1990a.

_____. *O gesto espontâneo*. São Paulo: Martins Fontes, 1990b.

_____. *O ambiente e os processos de maturação*. Porto Alegre: Artes Médicas, 1990c.

_____. (1969) A experiência mãe-bebê de mutualidade. In: _____. *Explorações psicanalíticas:* D.W. Winnicott. Porto Alegre: Artes Médicas, 1994. p. 195-202.

_____. *Da pediatria à psicanálise*. Rio de Janeiro: Imago, 2000.

WOLF, P. Observations on the early development of smiling In: FOSS, B.M. *Determinants of infant behavior*. Londres: Methuen, 1963. v. 2.

_____. The causes, control and organization of behaviour in the neonate. *Psychological Issues*, n. 5, p. 7-11, 1966.

WRIGHT, K. *Mirroring and attunement:* self realization in psychoanalysis and art. USA; Canadá: First Published, 2009.